2025
청목캘리그라피
문장 디자인集

청목 김상돈 글

2025 청목캘리그라피 문장 디자인 集

청목캘리

청목 캘리그라피
문장 디자인을
발간하면서

캘리그래피는 문자예술이다. 특히, 한글은 타 문자보다 조형적 아름다움을 간직한 문자다. 이는 받침이 있는 이유로 다양한 조형적 아름다움을 표현하는데 유리하다. 이번 '청목 캘리그래피 문장 디자인' 책을 출간하게 된 이유가 한글의 아름다움을 다양한 시도와 미적 원리에 입각하여 재해석하기 위한 것이 첫 번째 이유이며, 캘리그래피의 문장을 구성하는 디자인 사례를 통해 캘리그래피를 배우는 많은 예비 캘리그래퍼들에게 참고서의 역할을 기대하는 것이 두 번째 이유다.

글꼴을 완성하여 만든 '청목체'는 십수 년의 글꼴 연구를 통해 개발되었다. 글꼴은 상호 작용을 통해 또 다른 조형적 아름다움을 만들어 내는 창작의 선순환 구조를 가지고 있다. 청목 '정체'의 특성과 '가을체'의 특성을 혼합하여 다양한 연출을 시도하였다.

따라서 캘리그래피를 배우는 예비 캘리그래퍼들에게는 좋은 문장 디자인을 위해 다음과 같은 내용을 전하고자 한다.

첫째, 붓을 사용하는 캘리그래피는 필압에 의한 표현이 중요하다. 그래서 많은 연습량이 필요하다는 것이다. 붓이 먹물을 얼마큼 머금고 있는지의 먹물 양과 그 붓이 어떤 속도로 표현하는지와, 붓의 필압을 어떻게 적용하여 표현하는지 등 많은 고려 사항이 필요하다. 이러한 과제는 붓을 많이 잡고 써보는 수밖에 없다. 그래서 붓의 성질을 파악하고 속도가 주는 선의 질감을 익히고 먹물의 양을 고려하여 선을 만들어 내는 일련의 반복적 훈련이 필요한 것이 '청목캘리그래피'이다.

둘째, 종이의 질감에 따라 감성적 표현이 달라진다. 또한 글자의 크기에 따라 중요한 글자 선택으로 순번을 정해서 크기에 대한 비례감을 표현해야 한다.

셋째, 글자와 글자 사이는 자간이 존재한다. 자간을 좁혀서 가독성을 기준으로 덩어리감을 연출해야 한다. 자간이 벌어지면 전체적인 조형미가 사라진다.

넷째, 문장에서 강조할 단어나 글자를 전체 면적을 고려하여 표현해야 한다.

다섯째, 문장에서 80프로의 질서와 20프로의 변화와 강조가 전체 문자에서 조형적 아름다움이 연출된다. 가는 선을 통한 질서와 굵은 선에 대한 대비 효과, 그리고 거친 질감의 붓의 궤적이 아름다움을 만들어 낸다.

여섯째, 화면에서 글의 흐름이 중요하다. 이는 문장이 시각적으로 큰 흐름 안에서 연출해야 하는 이유다. 또한 화면의 여백도 디자인이다. 여백을 어떻게 연출할지 고려해야 한다.

일곱째, 형태를 통한 디자인의 사례도 중요하다. 구상적 형태를 캘리그래피를 통해 완성하는 디자인이 있다.

이러한 일곱 가지의 문장 디자인의 중요성과 특성, 방법을 통해 글의 내용을 가지고 머릿속으로 문장의 디자인을 만들어내야 한다. 한꺼번에 이뤄지지 않지만 자꾸 쓰다 보면 글의 흐름과 배치 등 디자인 감각을 익히게 된다.

'청목캘리그라피'는 필압에 의한 선의 5단계를 통해 표현되어 타 캘리그라피의 학습기간보다 훨씬 많은 시간을 투자해야 하는 것이 특징이다. 이는 붓의 필압을 익히는 감각의 단계가 시간을 필요하기 때문이다.

단어를 쓰고 문장을 학습하면서 느끼는 많은 학습자가 문장의 디자인이 어렵다고 호소한다. 그래서 이 교재가 어려운 문장 디자인을 이해하고 창의적으로 적용하는 데 도움이 되길 바란다. 본 교재를 통해 감성적 표현을 조형적으로 해석하는 일련의 과정을 통해 캘리그래피를 배우는 많은 학습자에게 도움이 되길 기대한다.

세상에서 가장 어려운 서체라고 평가하는 '청목체'를 배우는 모든 캘리그래퍼들에게 감사의 마음을 전하고자 한다.

캘리그래피는 예술이다. 선을 통해 표현되어 지는 예술이 많은 사람들에게 감동이 되고 선물이 되리라 믿는다. 도전하며 누군가에게 희망이 되고 꿈이 되고 은혜가 되는 멋진 청목캘리그래퍼가 되길 소망하면서 글을 마친다.

청목 김상돈 화백
(경민대학교 라이프콘텐츠과 교수/ 한국정복캘리그라피에술협회 이사장)

캘리그래피의
문장 디자인과
타이포그래피

캘리그래피(Calligraphy) 문장 디자인은 문자에 미적 생명력을 부여하는 예술적 표현이자, 문장이 지닌 내용과 감정을 시각적으로 전달하는 고유한 조형 행위이다. 이 영역은 단순한 '손글씨'의 차원을 넘어, 문장의 형태, 리듬, 여백, 붓의 움직임과 같은 요소들을 통해 독자에게 감성적, 예술적 경험을 제공하는 디자인 방식으로 발전해왔다.

캘리그래피의 어원을 보면, 그리스어 kallos(아름다움)와 graphein(쓰기)의 합성어로, 문자 자체를 아름답게 쓰는 기술에서 시작되었다. 하지만 캘리그래피 문장 디자인은 단순히 개별 문자를 아름답게 표현하는 것을 넘어서, 한 문장 전체의 흐름과 구조, 형식과 감정의 일체화, 시각적 리듬감을 중시한다. 다시 말해, 문장을 조형적으로 배열하면서도 그 문장이 담고 있는 의미를 감각적으로 표현하려는 시도이다.

캘리그래피 문장 디자인은 전통 서예에서 출발했지만, 현대 디자인과 결합되면서 몇 가지 뚜렷한 차이를 지닌다. 전통 서예는 엄격한 규칙과 필법, 정신성(書道의 세계)을 중시하지만 캘리그래피 문장 디자인은 보다 자유로운 구성을 지향하며, 현대적인 감각과 디자인 목적에 따라 형태를 변형하고 실험한다. 예를 들어, 문장 안에서 특정 단어만 강조하거나, 리듬감을 살리기 위해 일부 자획을 의도적으로 과장하는 방식도 포함된다.

캘리그래피 문장 디자인은 문장을 단순히 '쓰기'가 아닌, '그리기'에 가깝게 다루는 표현 방식이다. 글자의 생김새, 획의 두께 변화, 리듬, 방향성, 배치 등을 통해 시각적 이미지를 형성하며, 필기 도구(붓, 펜, 막대 등)와 사용자의 손동작이 직접적으로 결과물에 반영된다는 점에서 매우 유기적이고 감각적인 디자인이다. 이로 인해 문장의 구조와 의미는 단지 언어적으로 해석되는 것이 아니라, 시각적으로 '느껴지는' 경험으로 확장된다.

캘리그래피 문장 디자인에서 중요한 요소는 문장의 시각적 흐름이다. 획의 굵기 변화, 여백의 조절 등을 통해 시선의 흐름을 유도하며 반복되는 획이나 글자의 간격을 조절하여 리듬감을 부여한다. 문장이 단순히 일렬로 배열되는 것이 아니라, 때로는 곡선을 이루거나 계단식으로 배열되어 공간의 조형적 질서를 형성한다. 그리고 필획의 속도, 힘, 흔들림 등은 문장 속 감정을 직접적으로 드러내는 수단이 되기도 한다. 이러한 요소들은 각각의 글자가 아니라 문장 전체를 하나의 시각적 구조물로 인식하게 하며, 감각적 몰입을 유도한다.

현대에는 디지털 도구의 발전으로, 전통적인 붓이나 펜 대신 태블릿, 디지털 브러시, 벡터 기반의 캘리그래피 도구들이 사용되면서 새로운 문장 디자인의 가능성이 열려있으며, 현대 디자인에서 캘리그래피 문장 디자인은 매우 다양한 분야에서 활용된다.

출판 및 광고 디자인, 영상 타이틀 및 브랜딩, 제품 및 패키지 디자인, 웹 및 모바일 디자인 등 디지털 환경에서도 손글씨의 질감을 살린 캘리그래피는 인간 중심의 디자인 요소로 기능하며, 사용자에게 따뜻한 경험을 제공한다.

캘리그래피와 타이포그래피는 모두 문장의 시각화를 다루지만, 본질적인 차이가 있다. 타이포그래피는 반복 가능하고 시스템화된 서체 기반 디자인인 반면, 캘리그래피는 유일한 손의 흔적과 즉흥성이 중심이다. 그러나 두 영역은 상호보완적입니다. 현대 디자인에서는 이 둘의 경계를 넘나들며 조합하거나 디지털 캘리그래피처럼 기술적으로 접목하는 사례가 늘고 있으며, 이를 통해 더욱 풍부한 문장 표현이 가능해지고 있다.

캘리그래피 문장 디자인은 문자와 문장이 단순히 정보의 매개체를 넘어, 감각적이고 정서적인 소통 수단이 될 수 있음을 보여주는 대표적인 예술적 디자인이다. 문장의 구조, 리듬, 형상, 여백 등을 통해 독자와 감성적으로 교류할 수 있는 이 매체는, 현대 시각 문화 속에서도 여전히 유효하며, 오히려 디지털 환경 속 인간적인 터치를 갈망하는 시대적 정서와 맞물려 그 가치가 더욱 주목받고 있다.

문장 디자인의 역사는 언어의 기호적 기능과 미적 기능이 만나는 지점에서 시작되며, 문자 그 자체의 가독성과 표현력을 조형적으로 구성하려는 시도로 이어져 왔다. 단순히 정보를 전달하는 수단이었던 문장이 시각적 형태를 갖추고, 그 자체로 하나의 디자인 요소로 인식되기 시작한 것은 인쇄술의 발전과 함께 본격화되었다고 볼 수 있다.

문장 디자인의 기원을 거슬러 올라가면 고대 문명의 문자 체계에서 그 흔적을 찾을 수 있다. 예를 들어, 이집트의 상형문자나 중국의 한자는 그 자체가 이미지와 언어의 경계에 위치한 시각적 상징으로, 문장의 형태가 단순한 음성 기호가 아니라 예술적 조형물로도 기능했다. 특히 동양의 서예는 문자의 조형성과 리듬감, 여백의 미까지 통합하는 송합예술로 발신하있으며, 이느 현대 닌장 디자인에도 깊은 영향을 주었다.

중세 유럽에서는 수도사들이 손으로 베껴 쓴 필사본에서 화려한 장식 문자(illuminated manuscript)가 나타났고, 이로 인해 문장은 단지 읽히는 것이 아니라 '보는' 대상이 되기 시작했다. 이후 15세기 구텐베르크의 금속활자 인쇄술이 등장하면서 문장 디자인은 활자의 형태와 배열, 줄 간격과 여백 등 타이포그래피적 요소를 중심으로 체계화되기 시작했다. 이 시기부터 문장은 단어의 조합이자, 시각적 구조로도 정제되어 갔다.

근대에 들어서면서 타이포그래피는 하나의 독립된 디자인 분야로 자리잡기 시작했다. 18~19세기 산업혁명은 대량 인쇄를 가능케 했고, 상업적 인쇄물과 광고의 증가로 인해 문장의 시각적 매력이 더욱 중요해졌다. 이 과정에서 세리프체, 산세리프체, 스크립트체 등 다양한 서체가 개발되었고, 문장 배치 방식도 중앙정렬, 왼쪽 정렬, 그리드 시스템 등을 활용한 구조적 설계가 도입되었다. 이 시기의 문장 디자인은 내용의 의미를 명확히 전달하면서도 시각적으로 질서를 갖춘 표현을 지향하였다.

20세기 초반 바우하우스와 스위스 스타일은 문장 디자인의 현대적 개념을 정립한 시기로 평가받는다. 이들은 '형태는 기능을 따른다'는 원칙 아래 간결하고 명료한 문장 배치와 그리드 기반의 레이아웃을 강조했다. 그러나 동시에 미래주의, 다다이즘, 초현실주의 등 예술 운동은 문장을 일그러뜨리거나 해체하며 그 자체로 표현적 실험의 대상이 되게 했다. 이 시기의 문장 디자인은 기능성과 예술성 사이에서 다양한 양상을 띠며 진화했다.

디지털 기술의 발전은 문장 디자인에 또 한 번의 변화를 가져왔다. 화면 기반의 읽기 환경이 등장하면서, 가독성뿐 아니라 가변성, 상호작용성 등의 요소가 중요해졌다. 웹 타이포그래피에서는 반응형 레이아웃, 스크롤 애니메이션, 사용자 중심의 인터페이스 디자인 등 새로운 고려사항이 생겨났다. 또한 AI 기반의 자동 조판 시스템, 커스터마이즈 가능한 폰트 제작 도구 등으로 인해 문장 디자인은 점점 더 유연하고 개인화된 방향으로 나아가고 있다.

결론적으로 문장 디자인은 시대의 기술과 미학, 커뮤니케이션 방식의 변화에 따라 끊임없이 진화해 왔다. 이는 단순히 문장을 '예쁘게' 만드는 작업이 아니라, 읽는 이의 인지 흐름과 감정에 영향을 미치는 고도로 설계된 시각 언어이며, 동시에 문화적 맥락과 깊이 있게 맞물리는 복합적 디자인 분야라 할 수 있다.

2025
청목캘리그라피
문장 디자인集

'굵고다'의 언덕처럼 거친 선으로 갈필의 느낌을 살려서 표현한 사례
'ㄹ' 부분의 선은 속도와 필압으로 조절하며 표현해야 한다.

‘삶’ 한 글자이지만 Ⓐ부분이 핵심 포인트이다.
붓의 속도가 전광석화처럼 빠르게 지나가야 한다.

Ⓐ

'꿈'자는 Ⓐ처럼 한 획으로 빠르게 내려써야 한다.

Ⓐ처럼 '길'자는 받침 'ㄹ'이 핵심 포인트다.
ㄱ+ㄱ+~ 의 형태 결합으로 나누어서 생각하면 표현하기가 쉽다.

Ⓐ

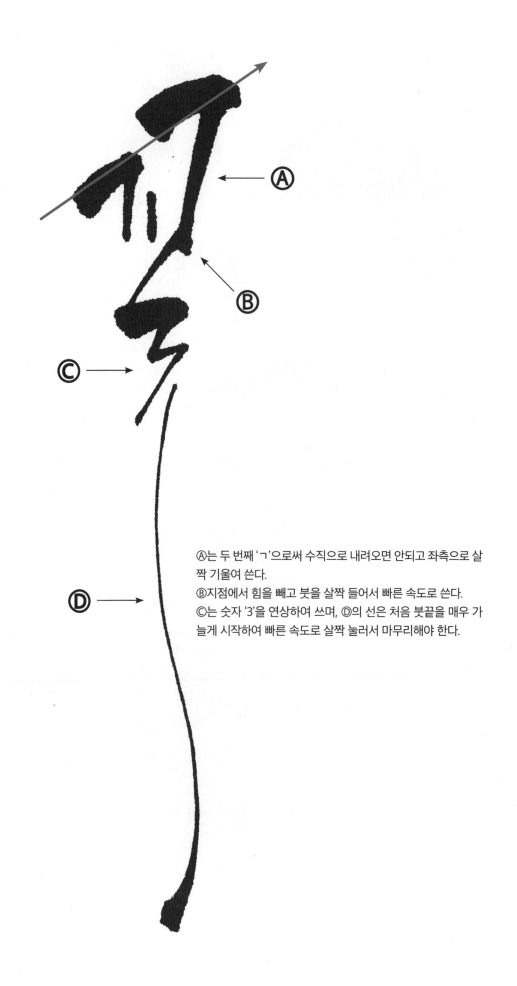

Ⓐ는 두 번째 'ㄱ'으로써 수직으로 내려오면 안되고 좌측으로 살짝 기울여 쓴다.
Ⓑ지점에서 힘을 빼고 붓을 살짝 들어서 빠른 속도로 쓴다.
Ⓒ는 숫자 '3'을 연상하여 쓰며, Ⓓ의 선은 처음 붓끝을 매우 가늘게 시작하여 빠른 속도로 살짝 눌러서 마무리해야 한다.

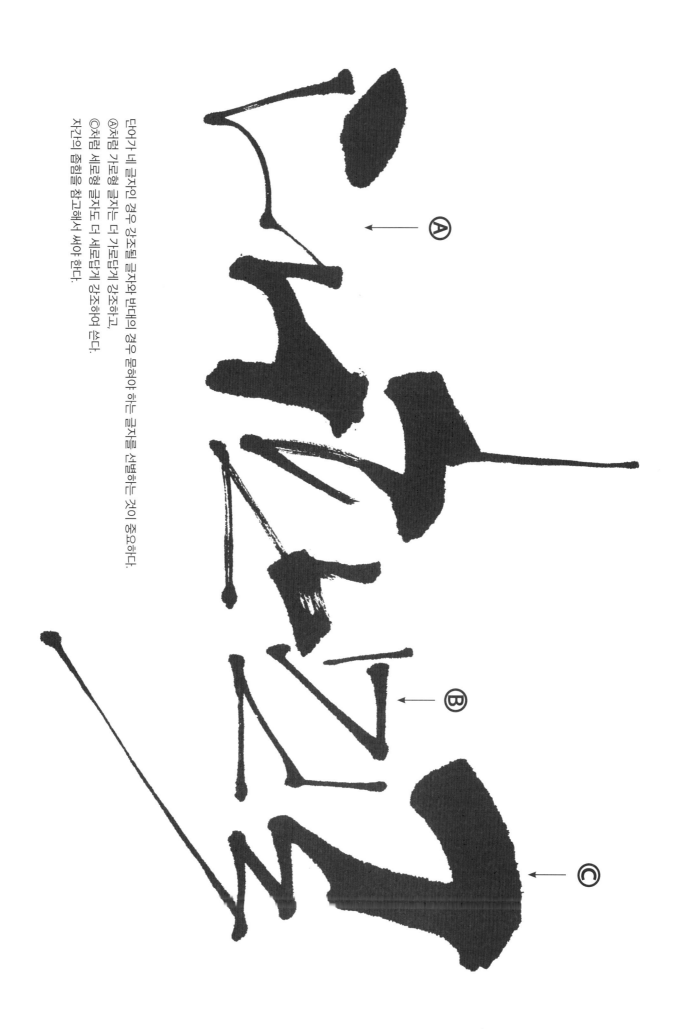

단어가 네 글자인 경우 강조될 글자와 반대의 경우 문해야 하는 글자를 선별하는 것이 중요하다.
Ⓐ처럼 가로형 글자는 더 가로답게 강조하고,
Ⓒ처럼 세로형 글자도 더 세로답게 강조하여 쓴다.
자간의 총합을 참고해서 써야 한다.

다섯 글자인 경우 단어를 강조할 선택과 배치가 중요하다.
Ⓐ처럼 축소하여 표현되고, Ⓑ처럼 강조하여 표현하는 것을 선택하며,
강조는 과감하게 해야 더 조형적으로 표현된다.

16

두 글자의 경우, 자간을 최대한 좁혀서 쓴다. 단어가 한 덩어리 되듯 표현한다.
특히, Ⓐ부분처럼 앞 글자 위를 올라타야 한다. 그래야 덩어리감이 표현된다.

전체 문장에서 '린'자에 전쟁의 고통을 나타냈다.

'청춘별곡'의 글자는 Ⓐ의 '춘'자가 아래로 배치된 것이 특징이다.
이는 네 글자의 공간과 여백을 좋이는 효과를 가져온다.
Ⓑ처럼 '별'자와 '곡'자를 최대한 붙여서 한 덩어리를 만들면 조형적 아름다움을 표현할 수 있다.

'전설의 고향' 글자의 여백을 줄여서 덩어리감을 표현한 사례
촘촘히 자간을 좁혀서 선이 모여 면이 되는 효과를 표현하였다.

세 글자인 경우 수평 배치보다는 ∧, ∨ 둘 중 하나의 디자인을 선택한다.
Ⓐ처럼 가운데 글자인 '신'자를 아래로 내려 ∨ 형 디자인을 만들었다.
이 경우에도 '영어리감'을 표현해서 쓴다.

글씨에서 붓의 꿀림을 이용하면 창의적 표현이 가능하다.

22

글자의 크기를 다양하게 쓴 사례
Ⓐ를 강조하여 전체적으로 힘을 표현하였다.
붓이 먹물을 많이 머금지 않게 쓰기 전에 먹물을 빼고,
빠른 속도로 써야 갈필의 느낌을 살릴 수 있다.

Ⓐ처럼 짧은 문장일 경우 포인트를 주면
전체적으로 조형미를 표현할 수 있다.

청목 기울체는 붓의 속도가 좌우한다.
자신감 있게 표현하면 선이 살아서 표현된다.

25

청록 가을채의 짧은 문장일 경우
크기를 고려하여 '비례감'있게 조절하며 표현한다.

강하고 힘이 있게 표현하면
전체 부분에 조형적 아름다움이 표현된다.

'청목 가을체'로 표현 할 경우
붓의 속도가 빠르고 강하게 절도있는 붓 터치가 필요하다.

청목 가을체로 '덩어리감'을 표현하며 쓴 문장의 사례

ⒶⒸ '받'글자는 '글'을 강조하여 전체 문장의 '힘'을 주도록 쓴다.
Ⓑ의 선과, Ⓒ의 선을 수평으로 쓰면 문장의 질서가 잡힌다.

'흙'자의 경우 Ⓐ부분을 잘 표현해야 한다.
받침 'ㄹㄱ'에서 'ㄹ'의 중간부분부터 'ㄱ'을 써야 균형감을 표현할 수 있다.
Ⓑ의 수직서 죽막출두 질서를 퓨하하는데 참고하며 좋다

단어와 단어 사이에 ⓒ처럼 '뒤에' 글자는 상대적으로 작게 써야 한다.

정독대를 ①면, 더덕술을 ②면 크기로 표현하여 크기에 대한 비례감을 표현한다.

Ⓑ처럼 '더의 모음 'ㅓ', '닥자의 'ㅏ', '순자의 모음 'ㅜ'는 같은 수평선에 위치하여 통일하게 표현해야 질서감이 생긴다.

32

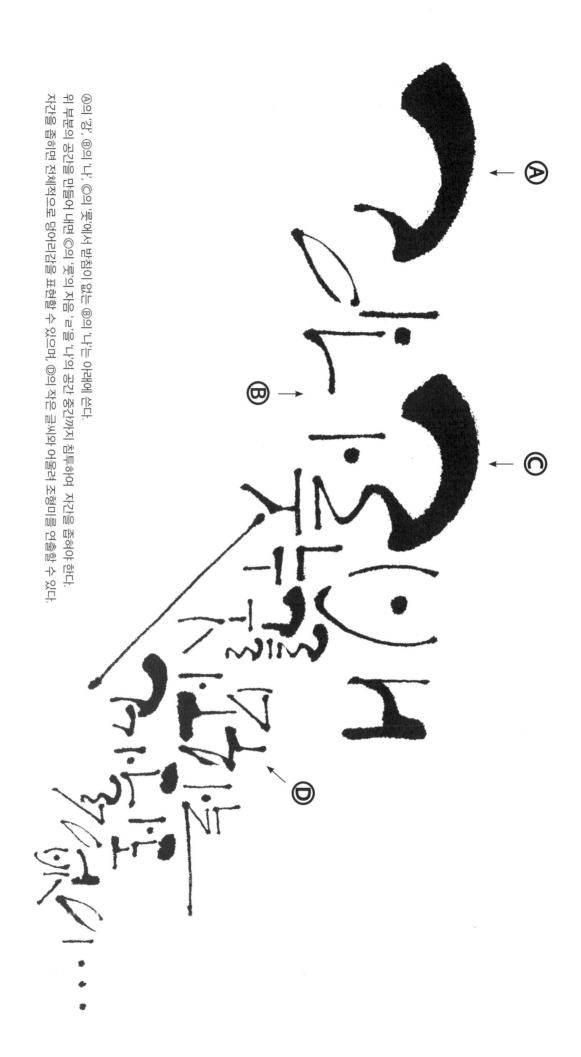

Ⓐ의 '강', Ⓑ의 '나', Ⓒ의 '꽃'에서 받침이 없는 Ⓑ의 '나'는 아래에 쓴다.
위 부분의 공간을 만들어 내면 Ⓒ의 '꽃'의 지음 'ㄹ'을 '나'의 공간 중간까지 침투하여 자간을 좁혀야 한다.
자간을 좁히면 전체적으로 엮어리감을 표현할 수 있으며, Ⓓ의 작은 글씨와 어울려 조형미를 연출할 수 있다.

감성 글씨를 표현할 때 그 느낌을 살리기 위해 붓의 속도와 먹물의 양을 줄여
거친 느낌을 표현하면 '겨울'의 삭막하고 추운 느낌이 표현된다.
붓의 속도는 빠르게 해야 하며, 글씨의 흐름도 참고하여 표현한다.

책복 기울체는 붓의 자유로움과 속도가 중요하다.
때론 천천히, 때론 빠르게, 하여 선의 느낌을 살리는 테크닉이 필요하다.

36

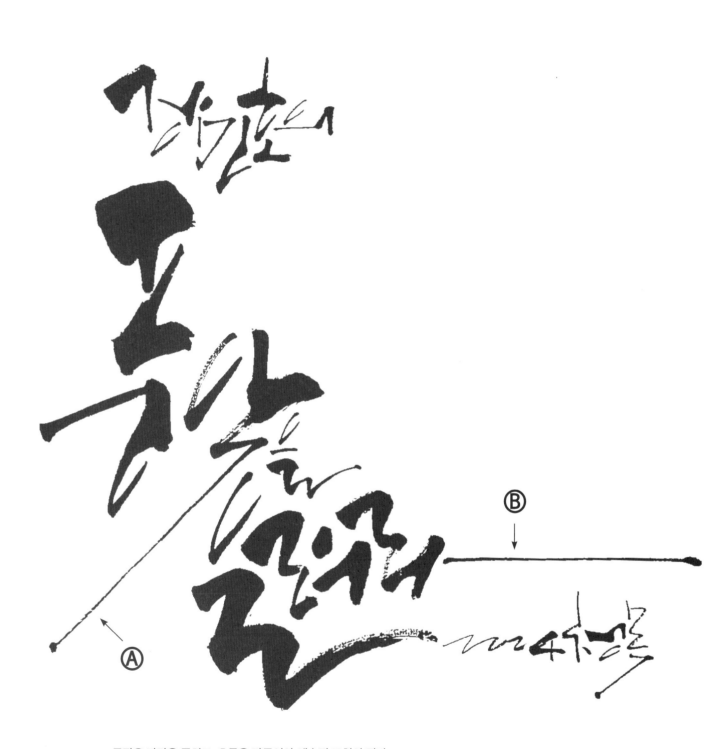

문장은 자간을 좁히고, 흐름을 만들어야 예술적 표현이 된다.
크기의 변화, 속도의 변화, 강조의 변화를 참고 해야한다,
Ⓐ와 Ⓑ는 가는 선을 살려야 한다.

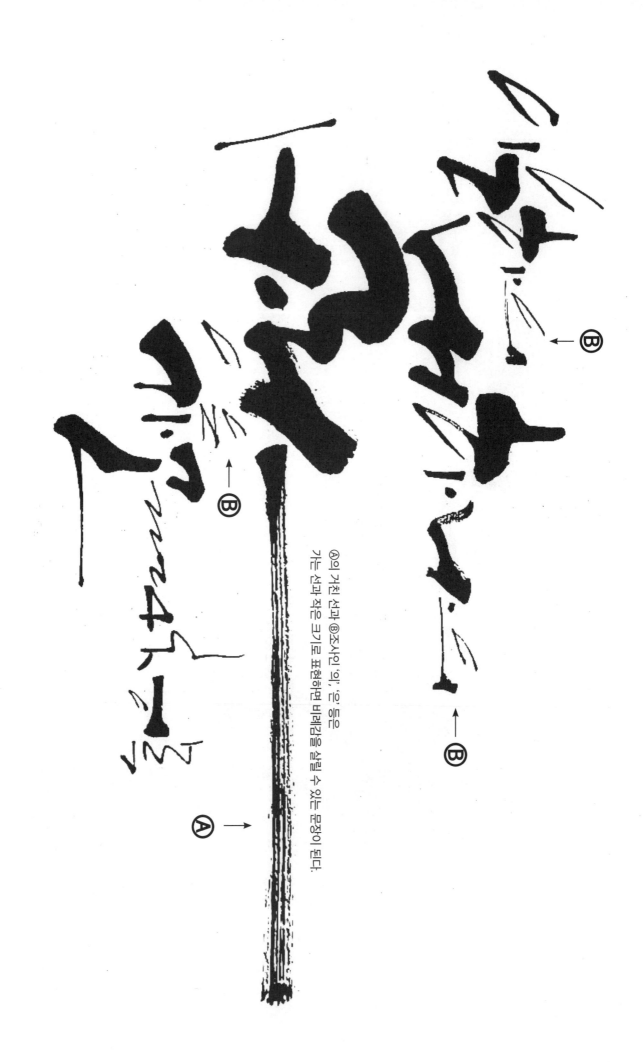

Ⓐ의 거친 선과 Ⓑ조사인 '의, '을' 등은
가는 선과 작은 크기로 표현하면 비례감을 살릴 수 있는 문장이 된다.

38

'열'자의 받침 'ㄹ'은 자유로운 선을 통해 문장의 '힘'을 나타낼 수 있다.

문자의 '빛' 글자는
Ⓐ부분처럼 한 획으로 빠르게 표현한다.

40

문장에서 글자의 선의 두께는 전체적으로 '조화'를 만들어 낸다.

Ⓐ

Ⓐ부분의 이름 '김태희'는 이름의 자간을 좁히는 사례다.
공간을 침투하여 전체적으로 '덩어리감'을 표현해야 한다.

Ⓐ부분의 '한'글자는 상대적으로 작게 써야 한다.
Ⓑ부분은 가늘게 빨리 써야 맛이 난다.

Ⓐ부분처럼 글의 흐름을 정해놓고 쓰면 좋다.

44

Ⓐ

Ⓑ

Ⓐ부분과 Ⓑ부분의 구도를 참고하면 다른 내용도 적용하여 표현할 수 있다.

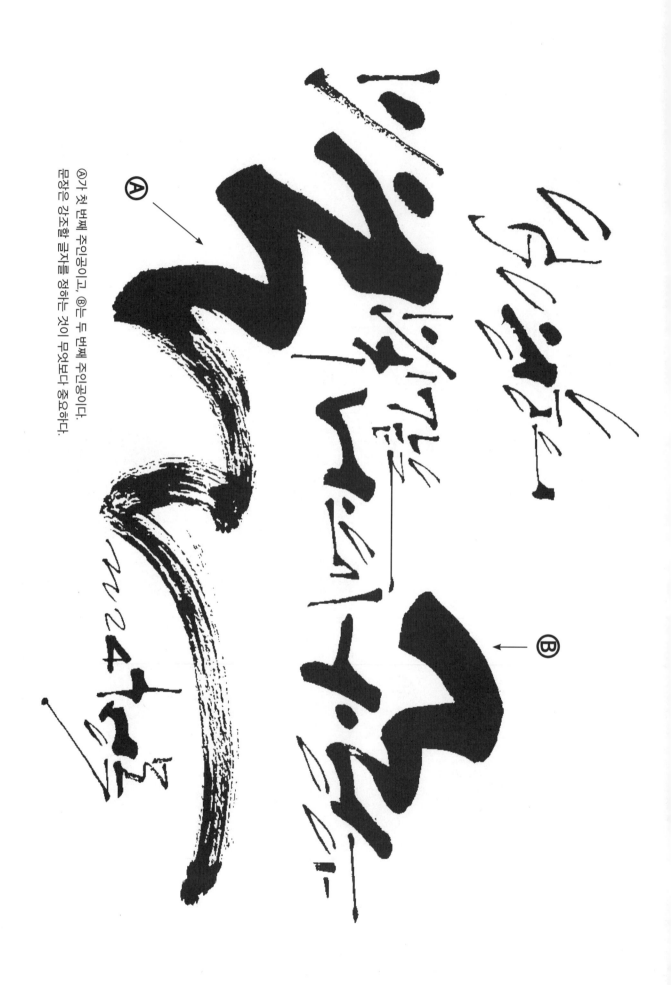

Ⓐ가 첫 번째 주인공이고, Ⓑ는 두 번째 주인공이다.
문장은 강조할 글자를 정하는 것이 무엇보다 중요하다.

하숙생 中 '숙'자는 Ⓐ부분처럼 급격한 두께의 변화가 긴장감을 준다.

같은 단어가 중복일 경우 Ⓐ, Ⓑ는 크기를 다르게 하며 같은 선에서 표현하지 않는다.

이름 '김수철' 中
받침이 없는 '수'는 아래로 표현하여 쓴다.

'최백호' 이름쓰는 방법 中
선의 다양한 표현이 중요하며, 자간을 좁혀서 쓴다.

이름 쓰기 中 '컬리그라피'에서 '미지는 법칙이 없는 경우다. '리저는 지금 'ㄹ'을 활용하여 쓰면 이름이 힘이 생긴다.

캘리그라피에서 'ㄹ'의 자음은
힘과 강조를 담당한다.

붓의 속도를 통해 선의 자유로움을 표현하면 개성적인 글씨가 된다.

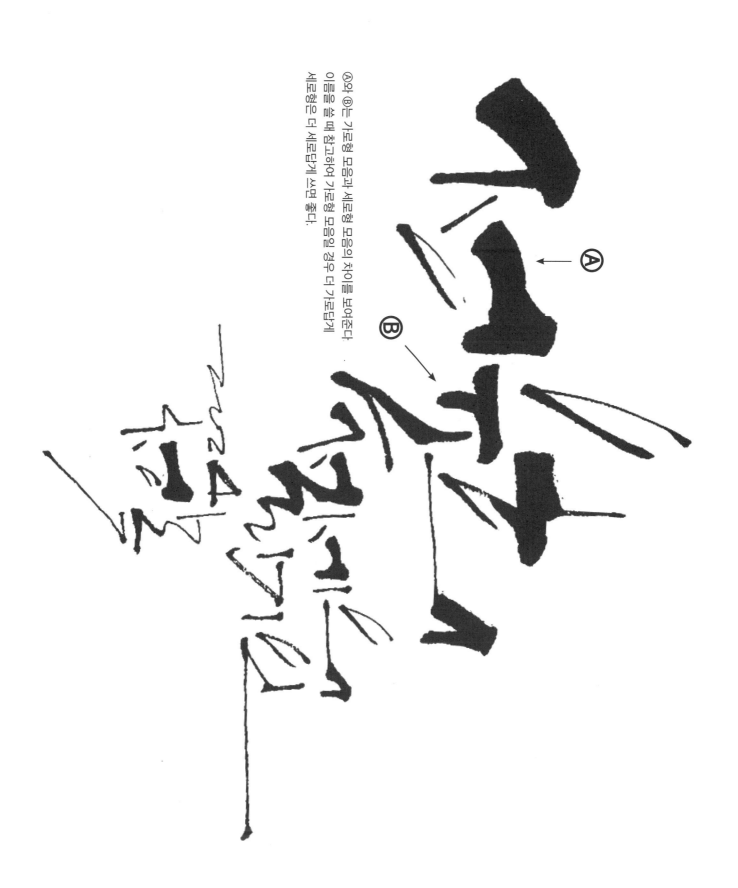

Ⓐ와 Ⓑ는 가로형 모음과 세로형 모음의 차이를 보여준다.
이름을 쓸 때 참고하여 가로형 모음일 경우 더 가로답게
세로형은 더 세로답게 쓰면 좋다.

Ⓐ와 Ⓑ선을 보면 역삼각형 형태의 구조를 볼 수 있다.

감성글씨 '초혼'처럼 쓰려면
붓의 속도와 먹물의 양을 조절하여 '갈필'을 사용한다.

받침이 없는 글자인 '머'자는 상대적으로 크기를 줄여서 쓴다.

글자와 글자가 여백 없이 표현해야 한다.

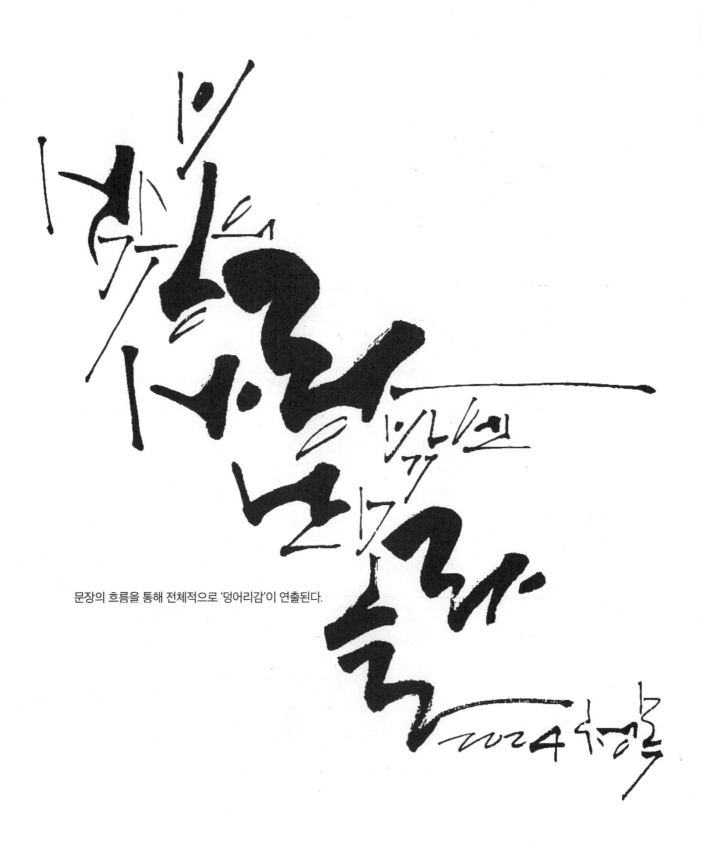

문장의 흐름을 통해 전체적으로 '덩어리감'이 연출된다.

글씨의 크기를 통해 미래감을 표현할 수 있다.

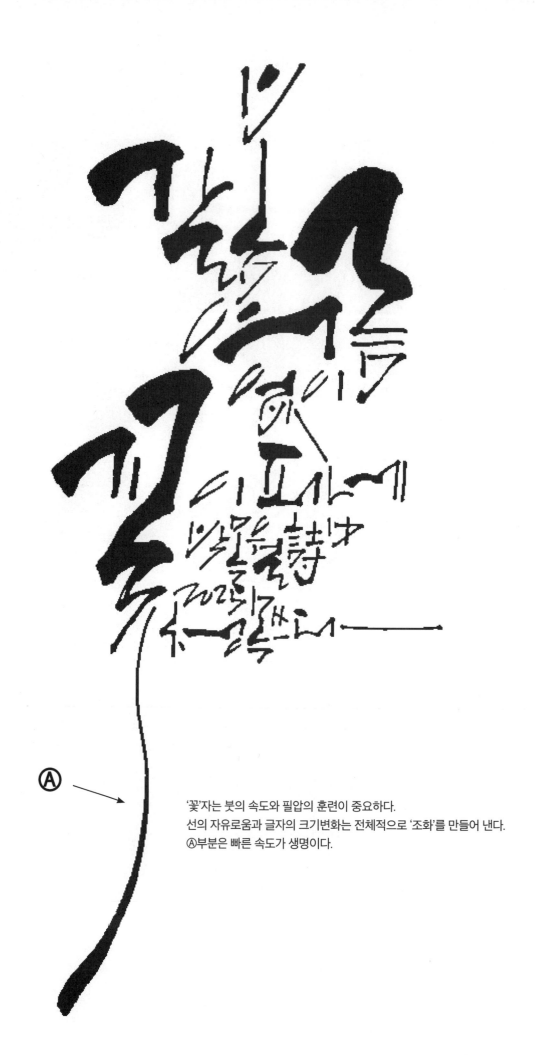

'꽃'자는 붓의 속도와 필압의 훈련이 중요하다.
선의 자유로움과 글자의 크기변화는 전체적으로 '조화'를 만들어 낸다.
Ⓐ부분은 빠른 속도가 생명이다.

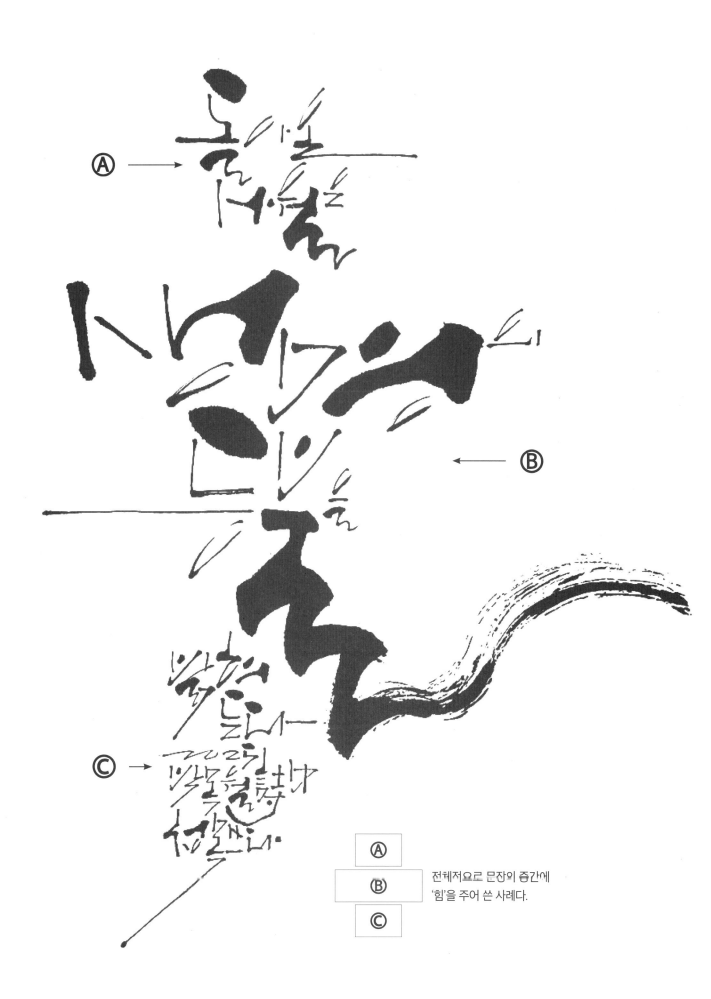

ⓐ

ⓑ
전체적으로 문장이 중간에
'힘'을 주어 쓴 사례다.

ⓒ

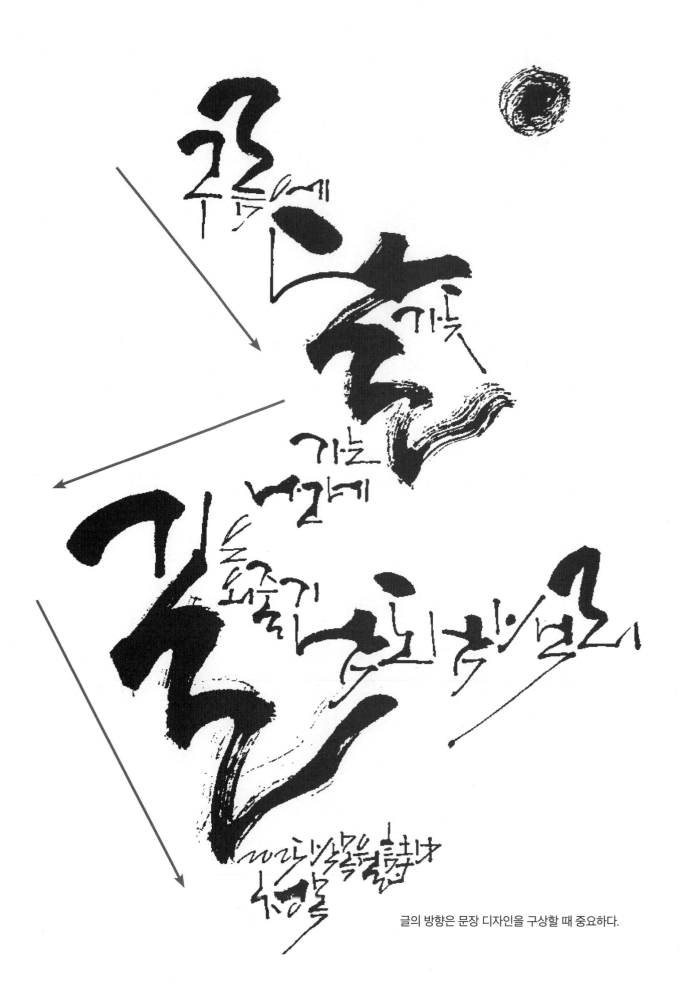

글의 방향은 문장 디자인을 구상할 때 중요하다.

글의 흐름과 변화 그리고
그림으로 포인트를 주면 좋다.

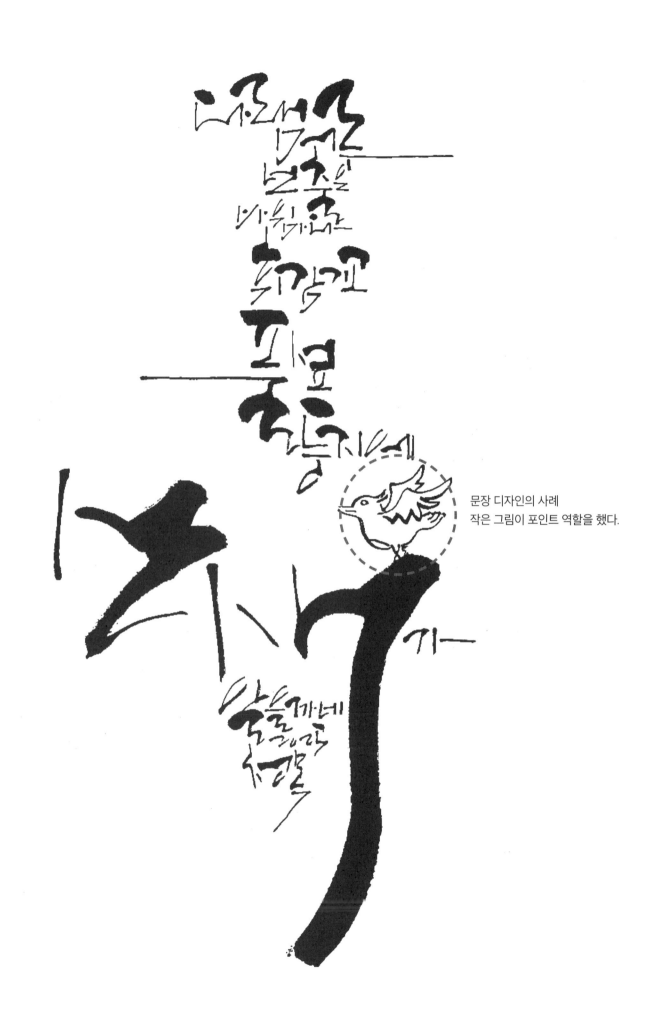

문장 디자인의 사례
작은 그림이 포인트 역할을 했다.

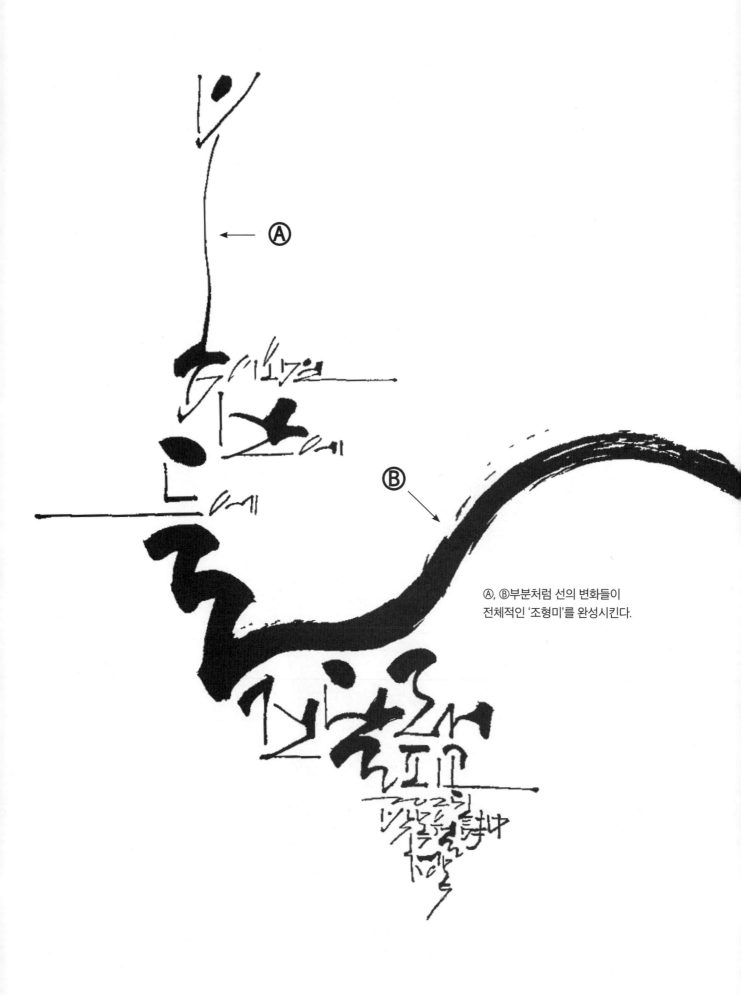

Ⓐ, Ⓑ부분처럼 선의 변화들이
전체적인 '조형미'를 완성시킨다.

작은 글씨는 공간을 찾아쓴다.

글의 디자인 중 가장 간단한 사례다.

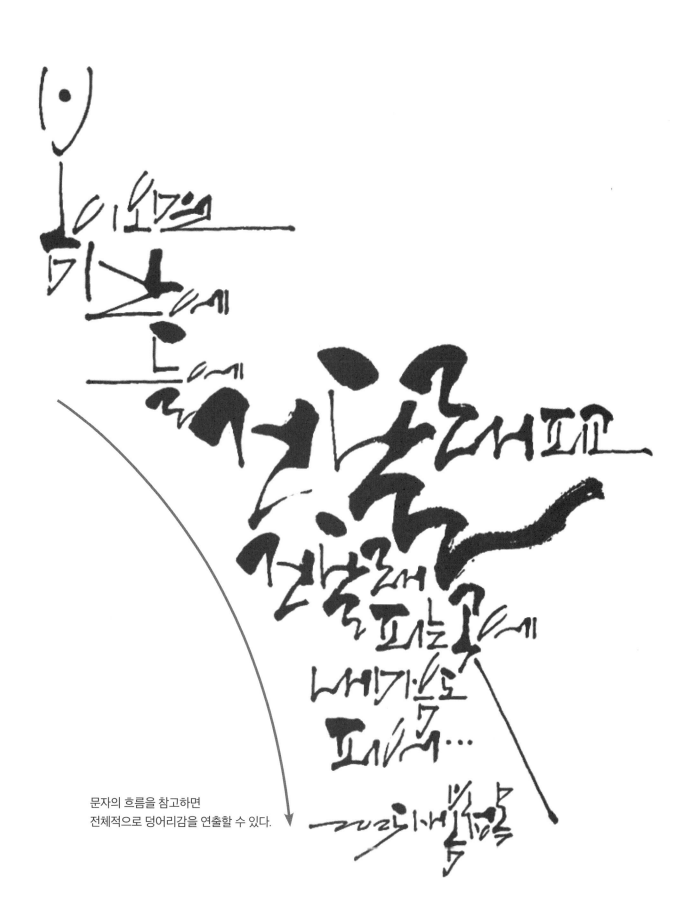

문자의 흐름을 참고하면
전체적으로 덩어리감을 연출할 수 있다.

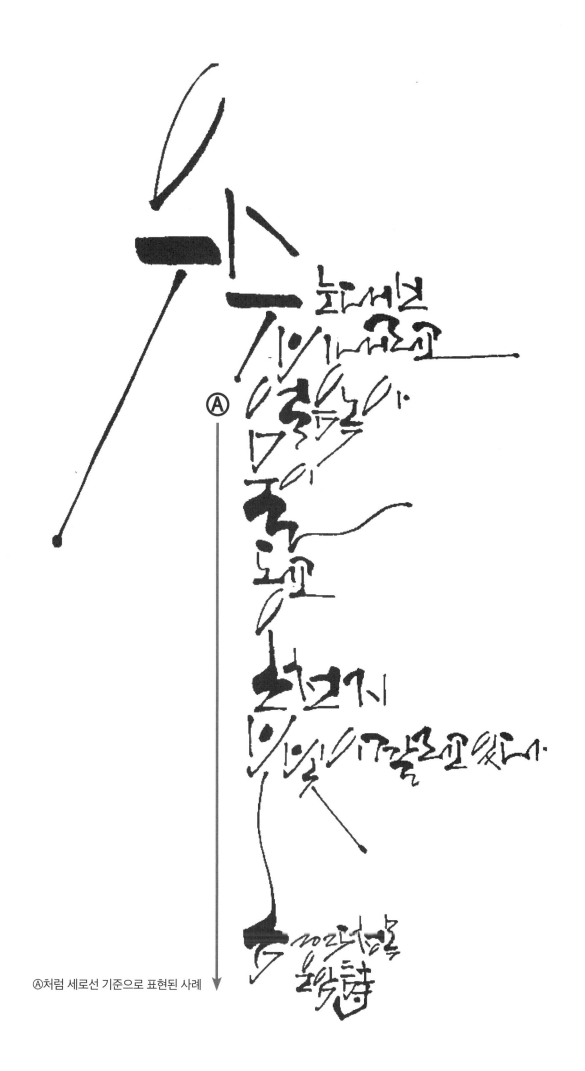

Ⓐ처럼 세로선 기준으로 표현된 사례

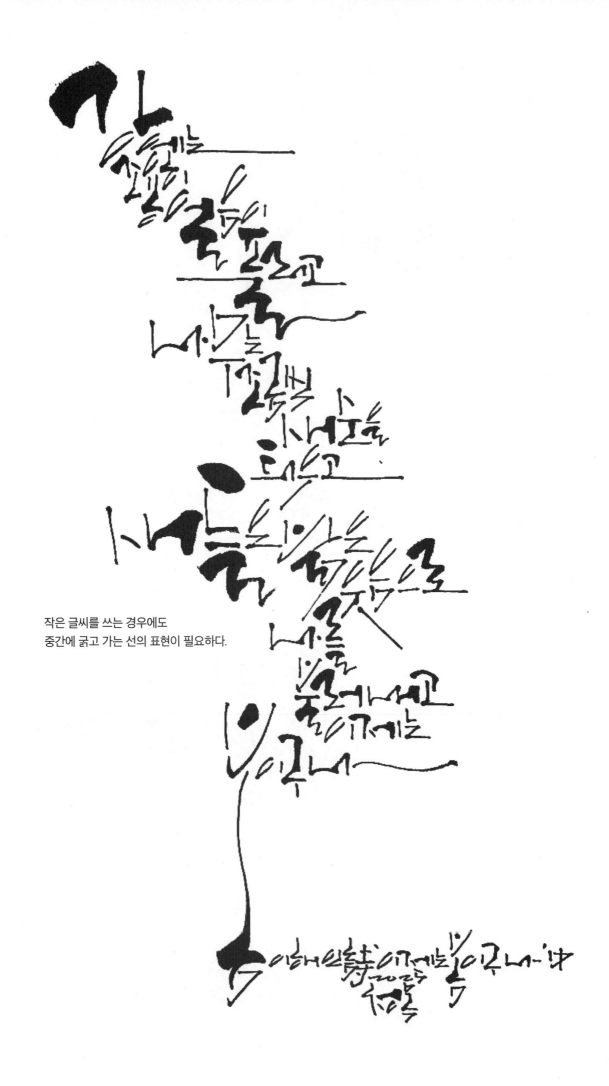

작은 글씨를 쓰는 경우에도
중간에 굵고 가는 선의 표현이 필요하다.

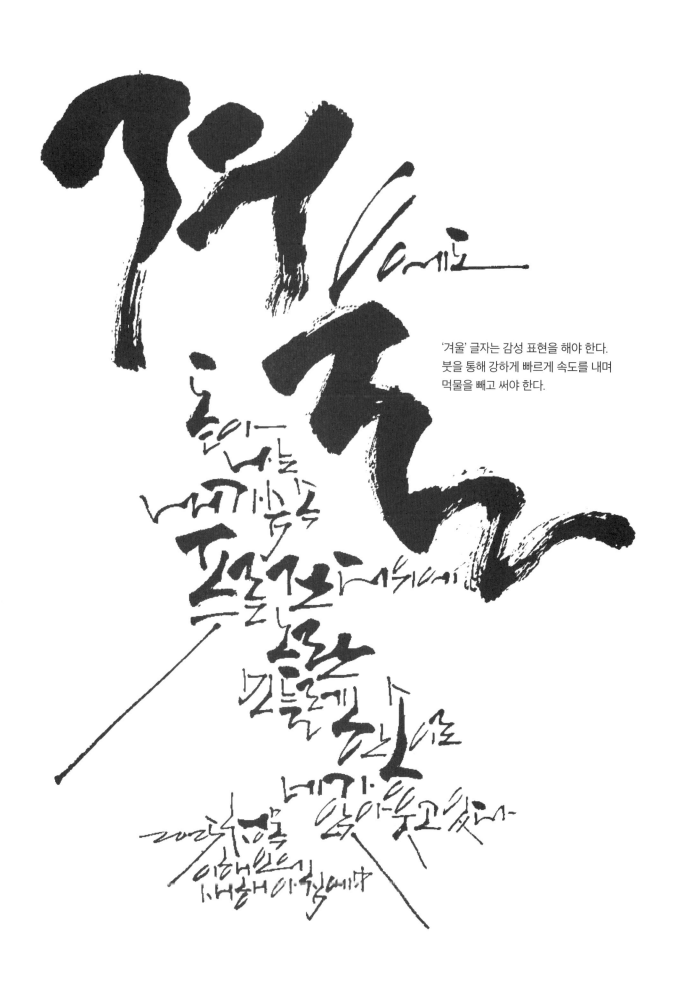

'겨울' 글자는 감성 표현을 해야 한다.
붓을 통해 강하게 빠르게 속도를 내며
먹물을 빼고 써야 한다.

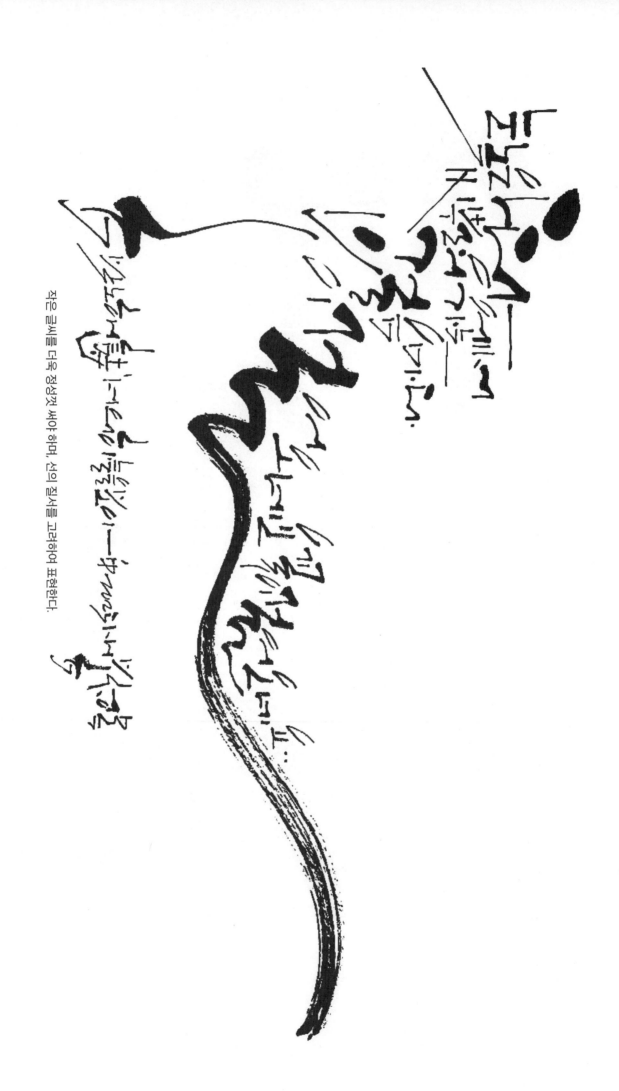

작은 글씨를 더욱 정성껏 써야 하며, 선의 질서를 고려하여 표현한다.

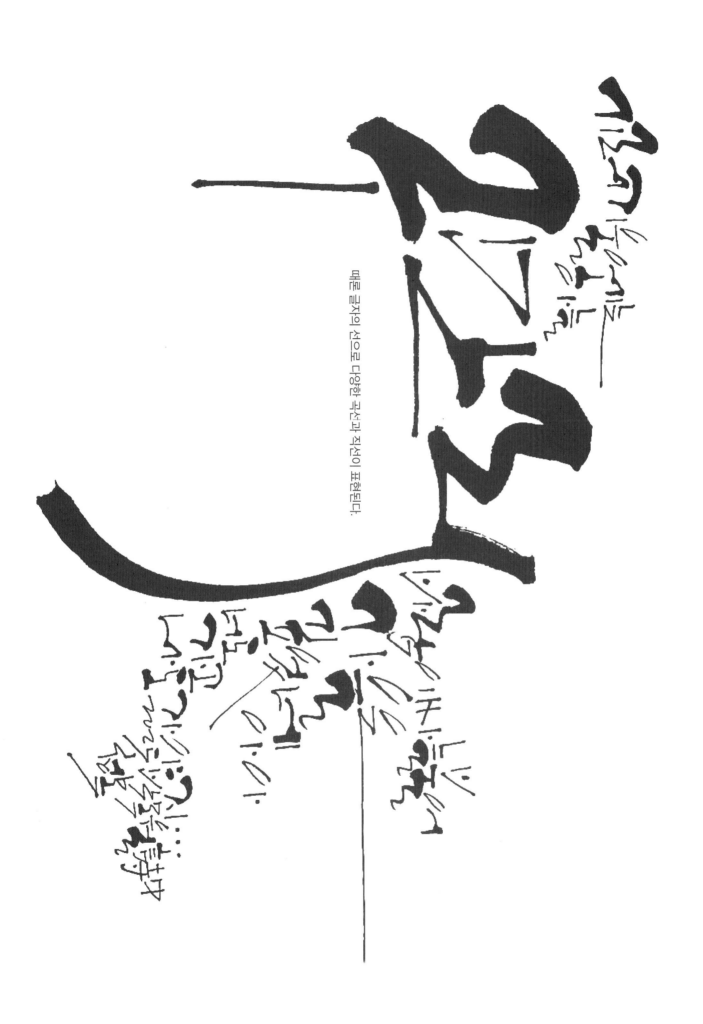

붓글자의 선으로 다양한 곡선과 직선이 표현된다.

'꿈 날'이 강조될 경우
나머지 글자들은 더욱 최소화하여 쓰면,
비례감을 극대화할 수 있다.

강조된 글자와 작은 글씨들의 조화

강조된 글자 '들꽃'옆에
작은 글씨들은 흐름을 이어가며
공간을 줄여서 쓴다.

작은 글씨를 보면
그 안에서도 변화를 발견할 수 있다.

선의 속도는 질감을 표현하며
다양한 감성을 나타낸다.

큰 글자 옆에 흐르는 작은 문장들
문장의 디자인 사례 중 흔한 디자인이다.

작은 글씨는 다양한 형태로 쓸 수 있다.

'모란'처럼 글의 흐름을 통해
강조할 단어를 부각시킬 수 있다.

붓의 끝맛은 다양한 감성을 연출한다.
단어가 주는 감성 표현은 붓의 속도가 좌우한다.

붓끝을 통해 선의 자유로움을 표현한 사례

규칙과 질서가 정연한 문장 디자인 사례

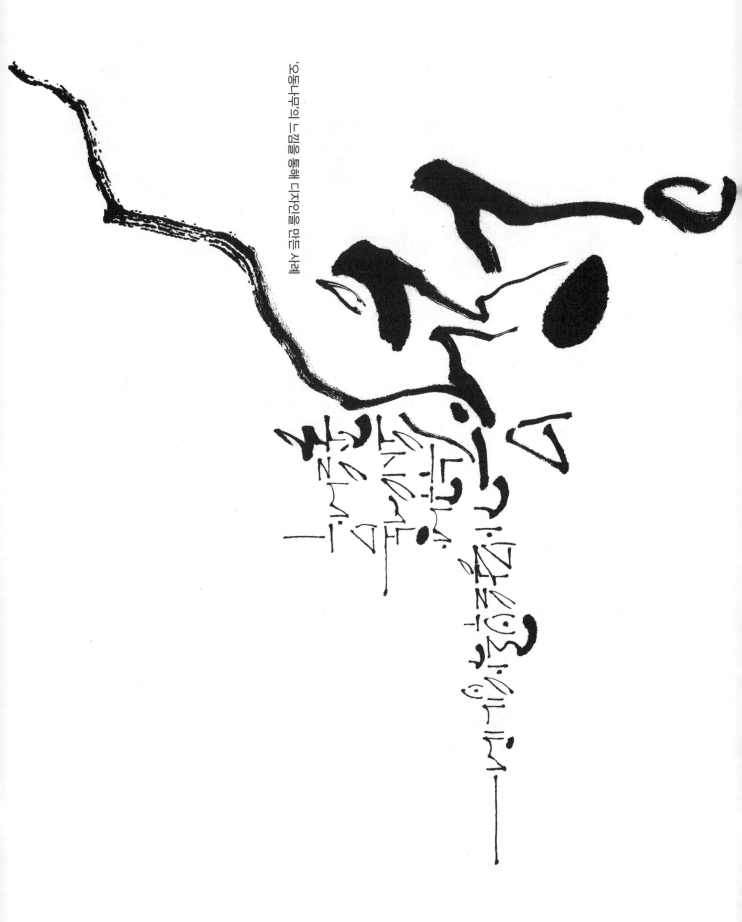

'오동나무'의 느낌을 통해 디자인을 만든 사례

Ⓐ의 '개똥이'는 어눌하게 표현하며, Ⓑ의 '개똥이'는 작게 쓴다.

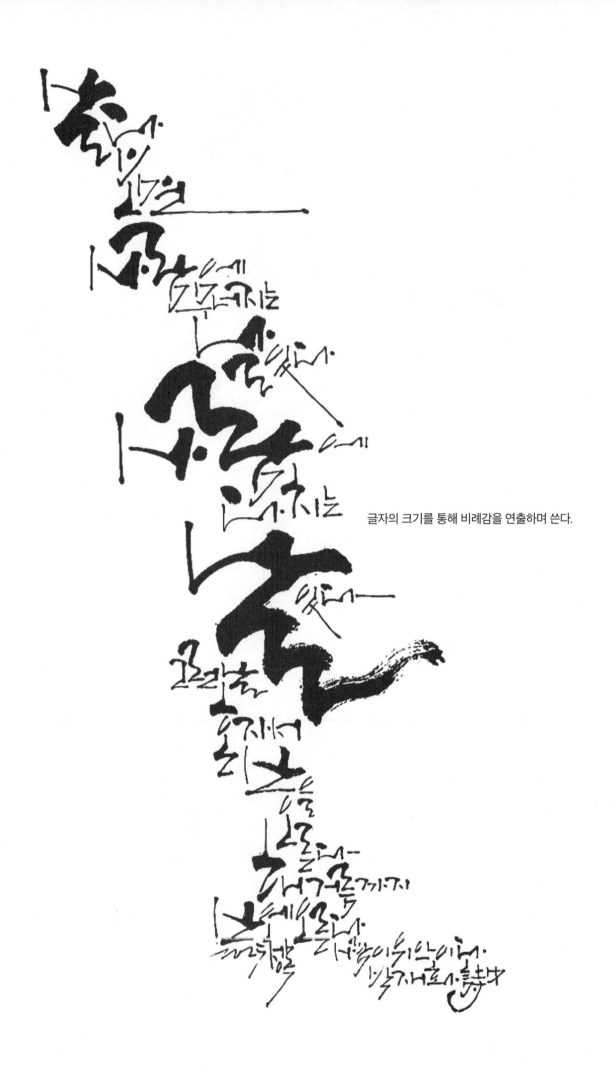

글자의 크기를 통해 비례감을 연출하며 쓴다.

92

문장의 흐름을 머릿속에서 구상하여 글씨를 쓴다.
글씨의 크기를 다양하게 하며 주인공이 되는
Ⓐ의 단어를 배치하는 계획을 세워 문장을 완성한다.

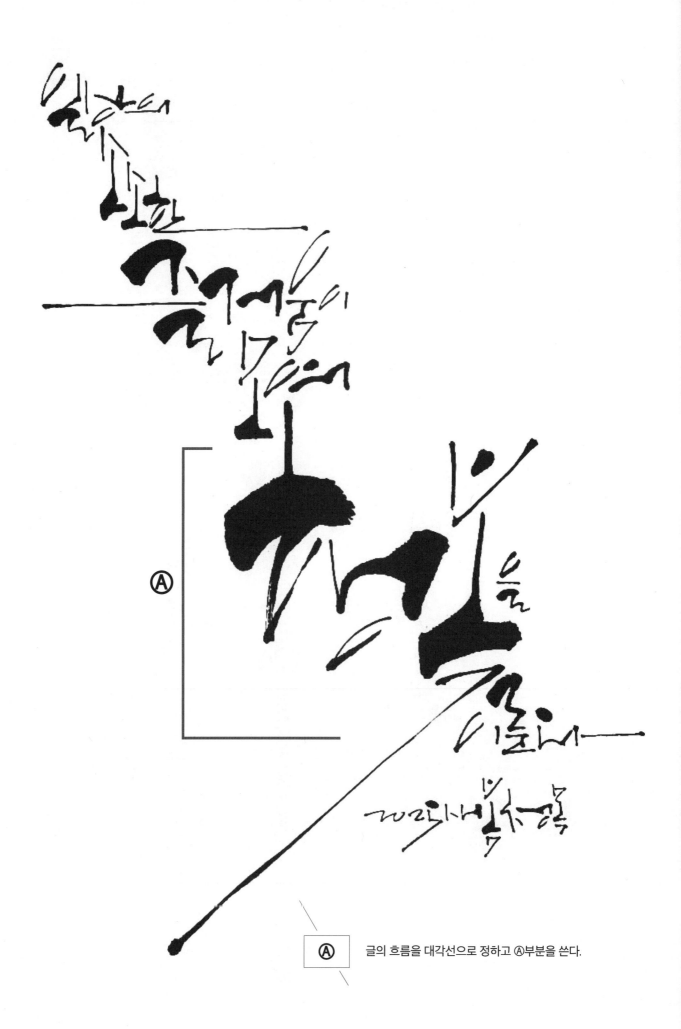

Ⓐ 글의 흐름을 대각선으로 정하고 Ⓐ부분을 쓴다.

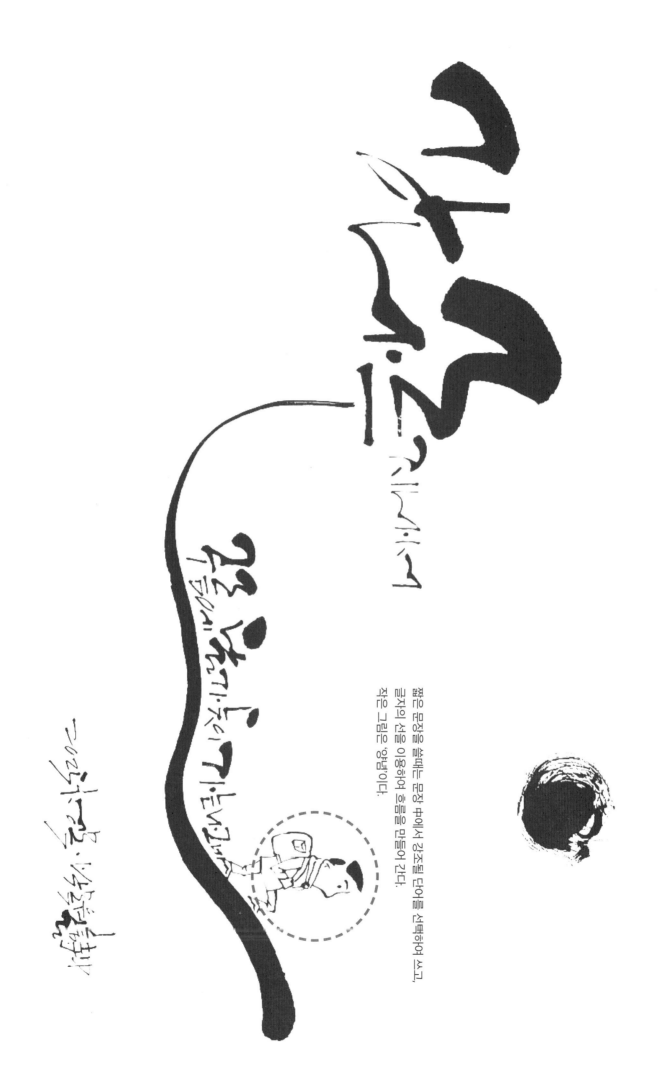

짧은 문장을 쓸때는 문장 속에서 강조될 단어를 선택하여 쓰고, 글자의 선을 이용하여 흐름을 만들어 간다. 작은 그림은 '얌냠'이다.

Ⓐ부분처럼 마지막 문장에서 강조하는 형태의 디자인
문장의 Ⓑ부분처럼 중간에 작은 글씨를 배치하였다.

Ⓐ부분처럼 강조할 단어를 쓰고 점점 글씨를 작게 쓰는 형태의 디자인
Ⓑ부분처럼 점점 작아지는 글씨가 특징이다.

문장의 성격과 특성에 맞는 선의 사용은 예술적 표현에 맞게 쓰면 드움이 된다.
Ⓐ부분의 거친 선은 '고개'를 연상하게 한다.

98

정갈하게 표현되는 칭목 정체와
Ⓐ무늬처럼 변화를 주면 문장에서 힘이 생긴다.

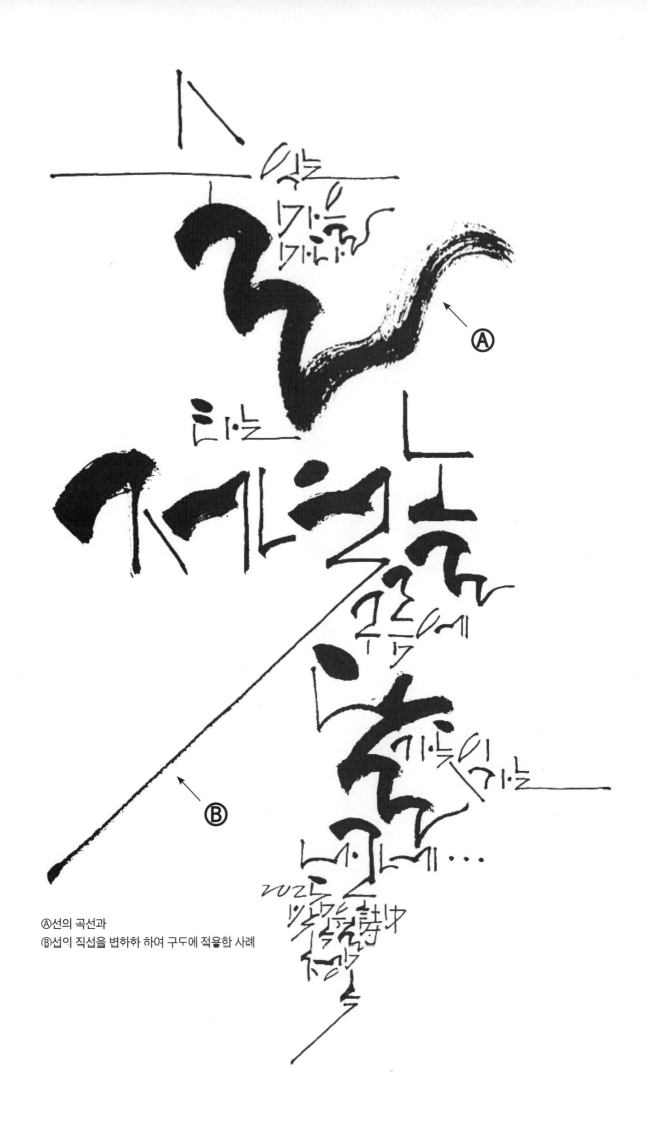

Ⓐ선의 곡선과
Ⓑ선이 직선을 변하하 하여 구두에 적용한 사례

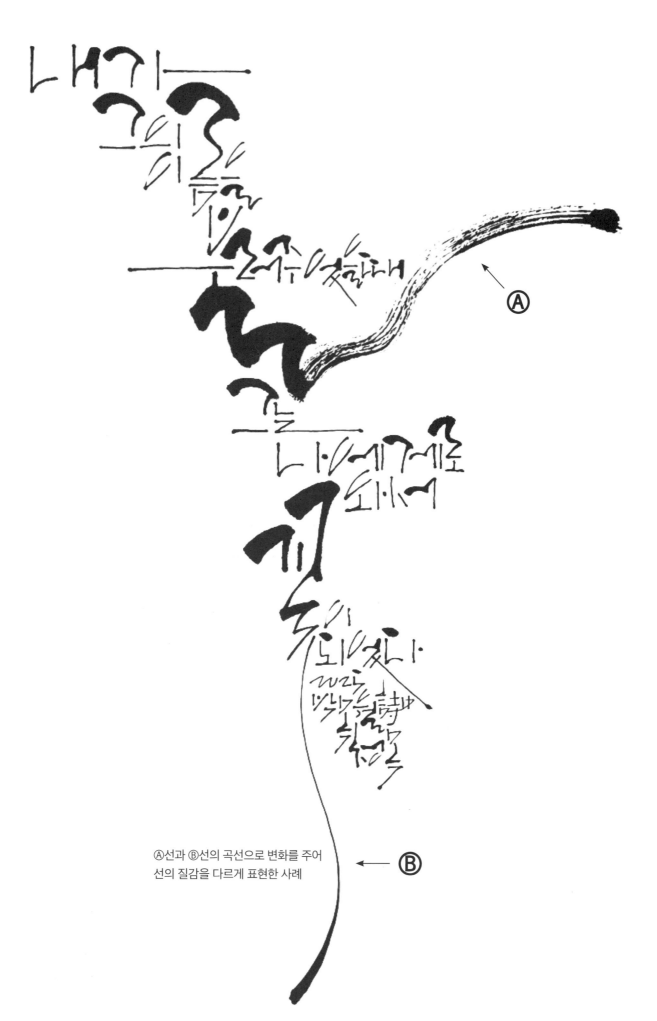

내가
그의
이름을
불러주었을때
그는
나에게로
와서
꽃이
되었다

Ⓐ선과 Ⓑ선의 곡선으로 변화를 주어
선의 질감을 다르게 표현한 사례

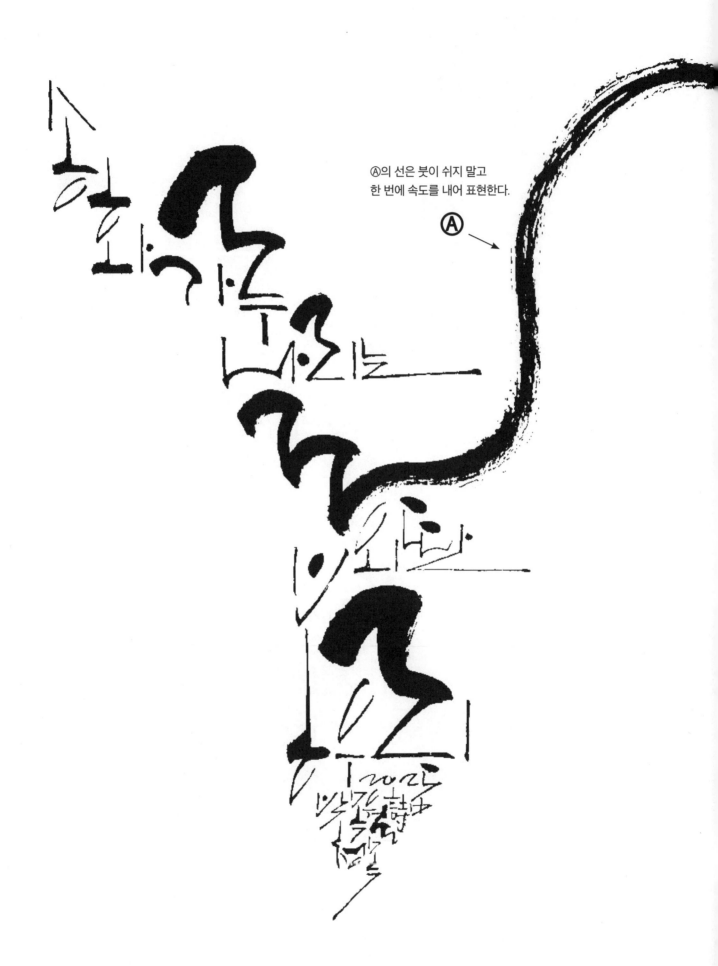

Ⓐ의 선은 붓이 쉬지 말고
한 번에 속도를 내어 표현한다.

Ⓐ

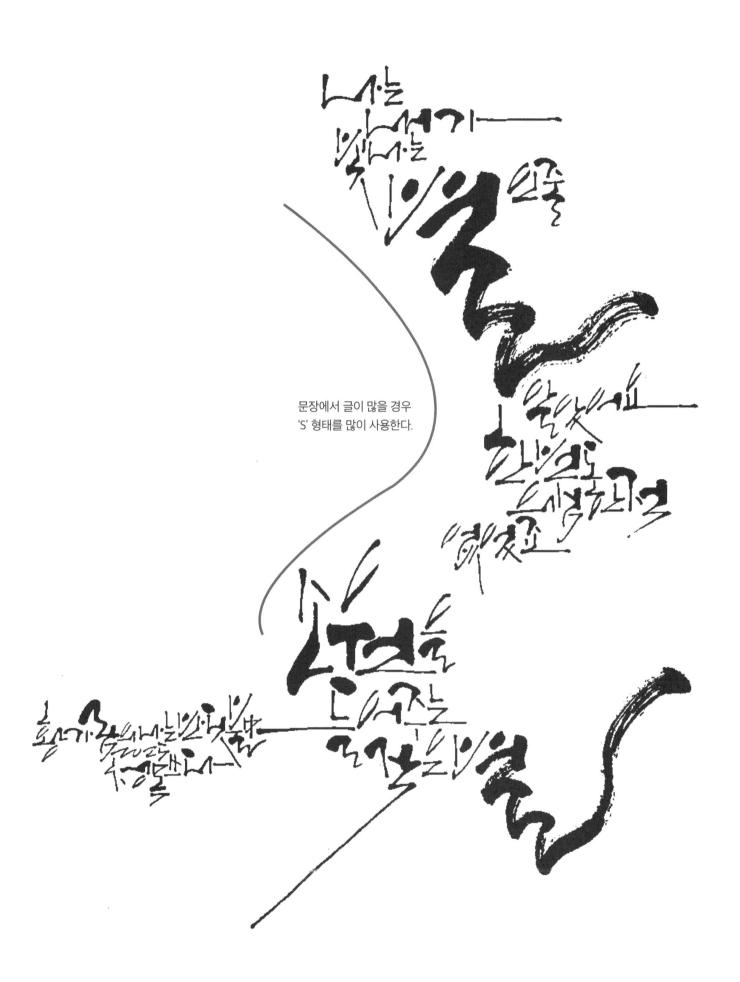

문장에서 글이 많을 경우
'S' 형태를 많이 사용한다.

작은 글씨의 세밀한 표현이 중요하다.
Ⓐ부분은 되도록 가늘고 작게 쓴다.

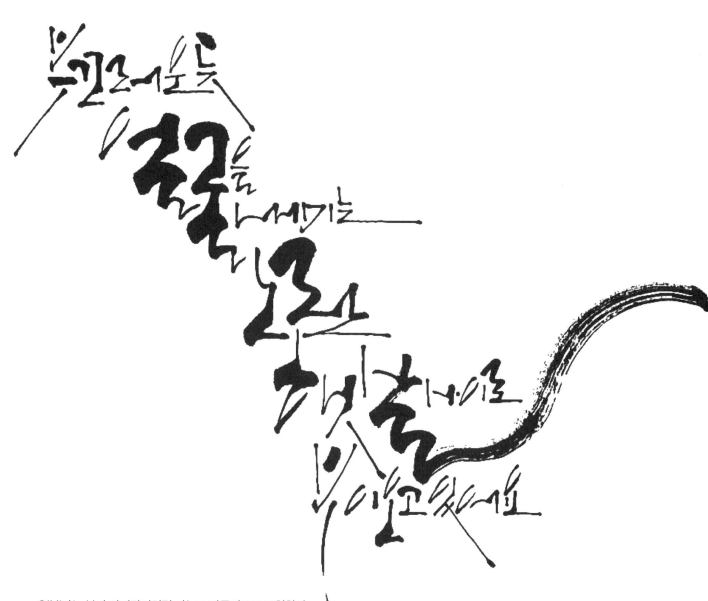

ⓐ'봄'자는 봄의 아지랑이처럼 가늘고 감동적으로 표현한다.
ⓐ부분은 필압에 의해 선이 점점 굵어지게 한다.
빠른 붓의 속도가 중요하다.

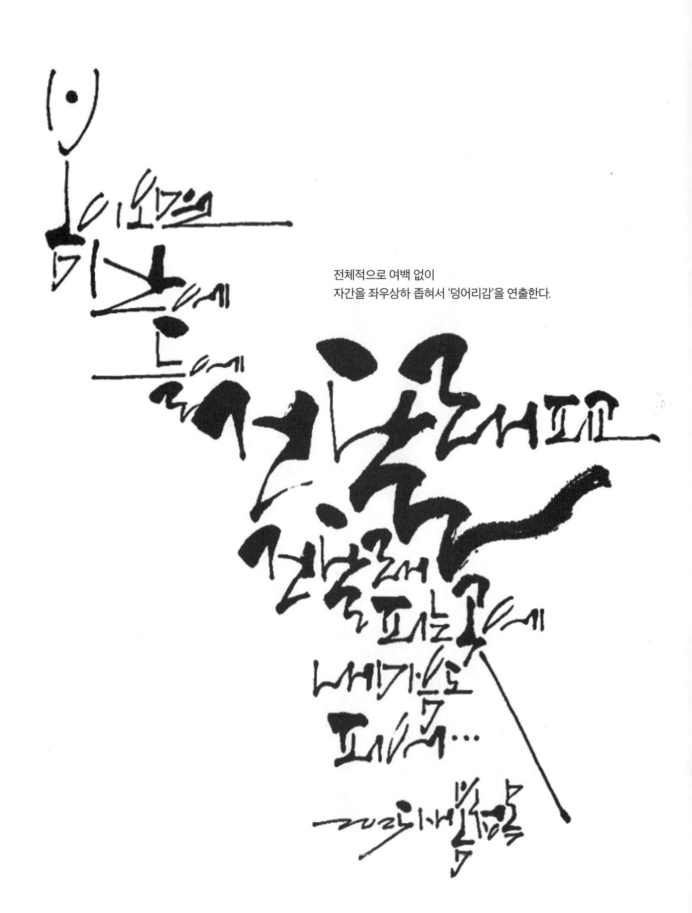

전체적으로 여백 없이
자간을 좌우상하 좁혀서 '덩어리감'을 연출한다.

문장 디자인에서 2개의 주인공을 만들어 강조를 표현하였다.
Ⓐ, Ⓑ부분을 통해 전체 문장의 '힘'을 표현한 사례

Ⓐ부분은 덩어리짐을 유지한 채
작고 가늘게 표현한다.

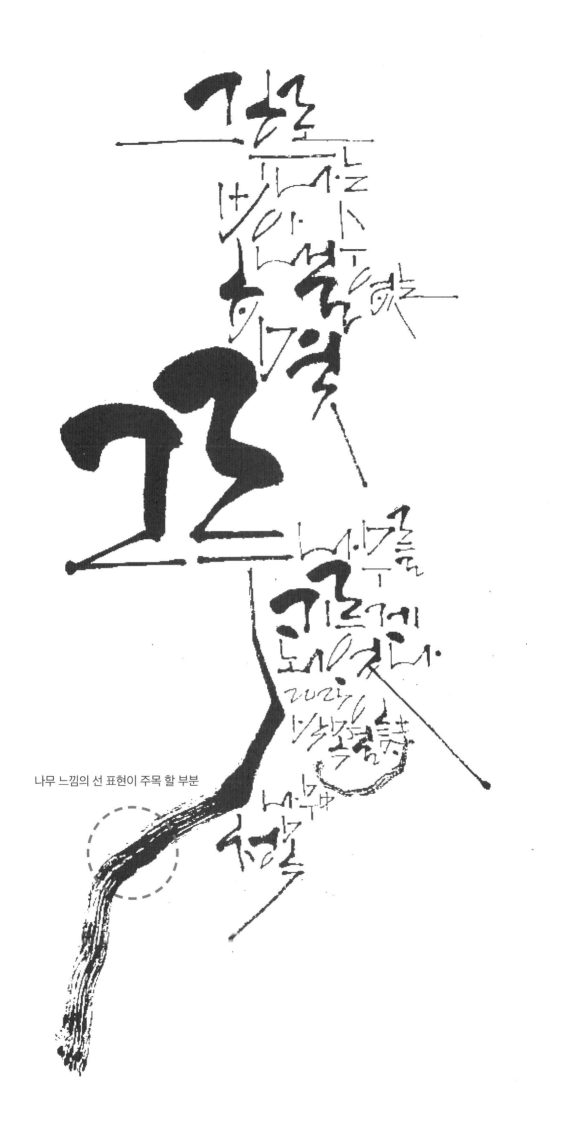

나무 느낌의 선 표현이 주목 할 부분

'D'자형 디자인의 사례

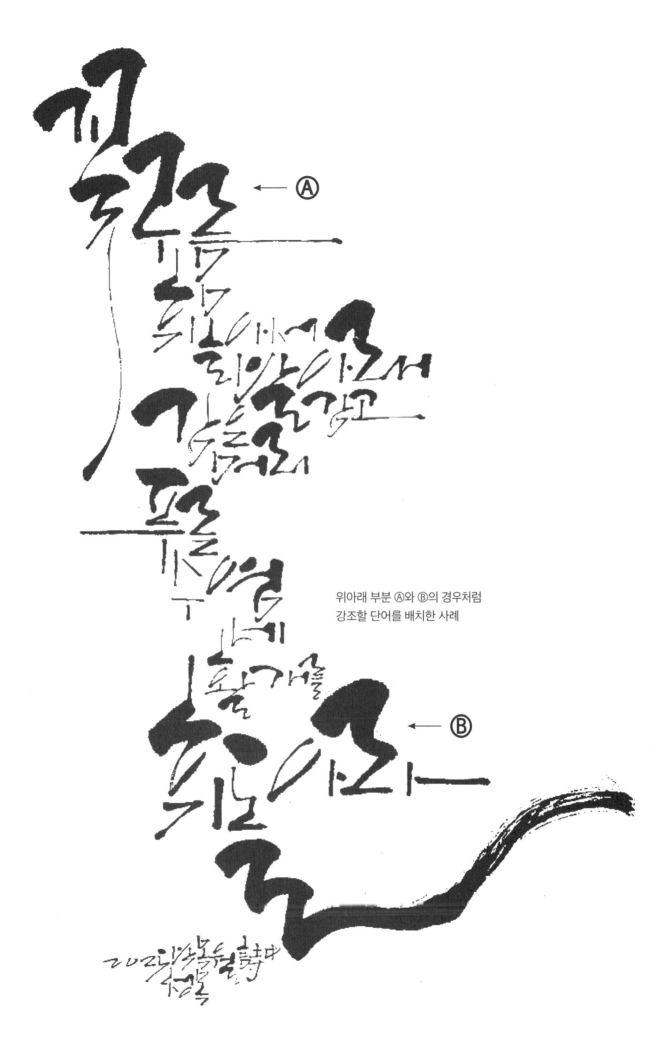

위아래 부분 Ⓐ와 Ⓑ의 경우처럼
강조할 단어를 배치한 사례

오늘아침
하늘에는 햇님이
찬란히
솟는
시기를
꼽는다

2025
발정詩따
수성

선의 질서와 규칙이 주는 아름다움

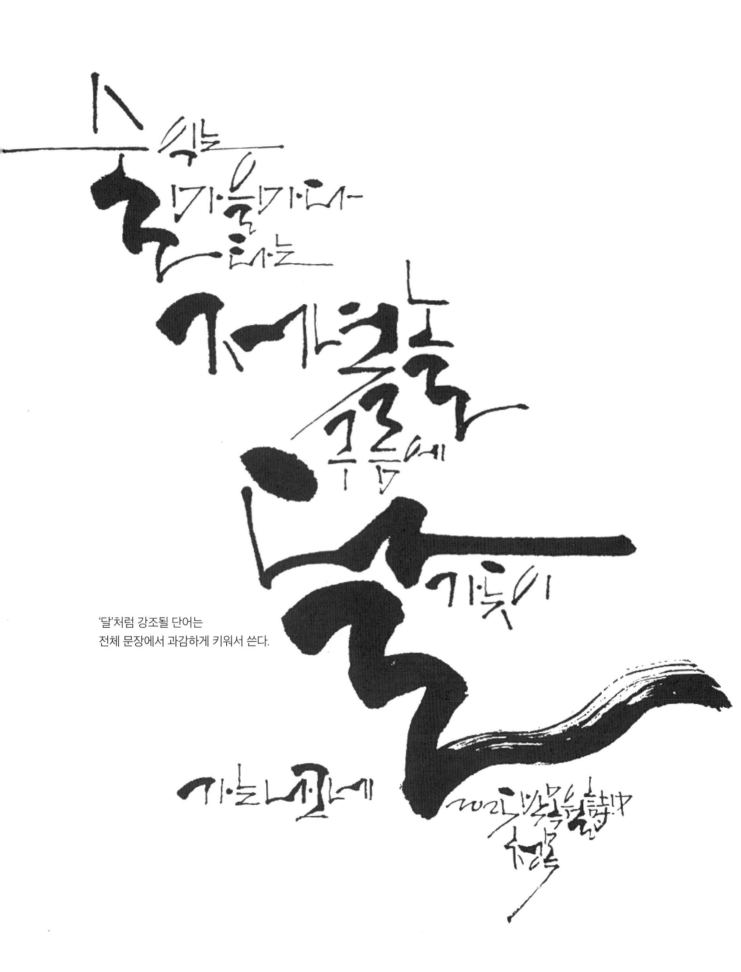

'달'처럼 강조될 단어는
전체 문장에서 과감하게 키워서 쓴다.

문장 중간의 단어를 강조한 사례
④부분처럼 '새벽'을 강조하고 나머지 글은 작고 가늘게 표현한다.

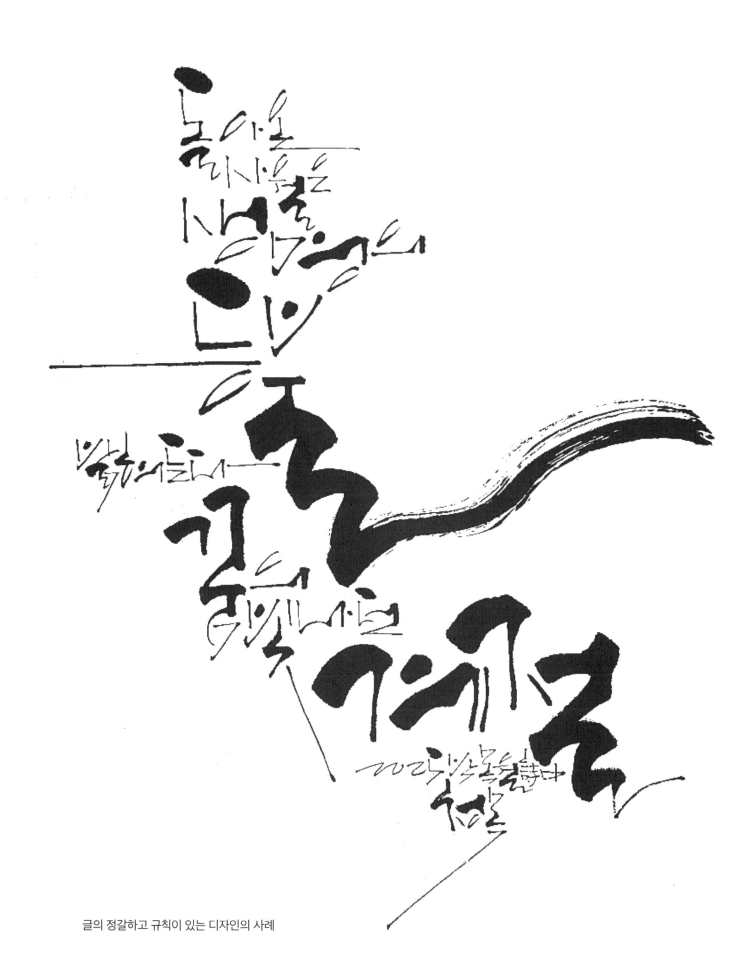

글의 정갈하고 규칙이 있는 디자인의 사례

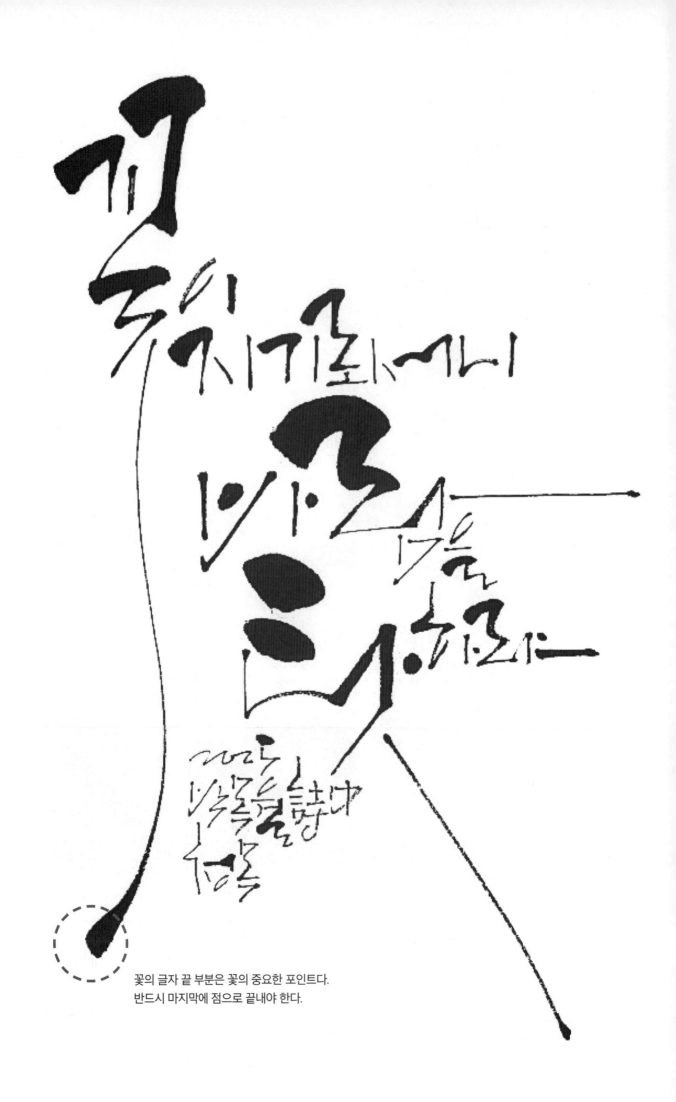

꽃의 글자 끝 부분은 꽃의 중요한 포인트다.
반드시 마지막에 점으로 끝내야 한다.

'봉우리'가 강조된 사례
Ⓐ부분처럼 세로선의 표현은 전체 문장에서 힘을 발휘한다.

'봄날'의 단어처럼 감성적 표현이 중요하다.

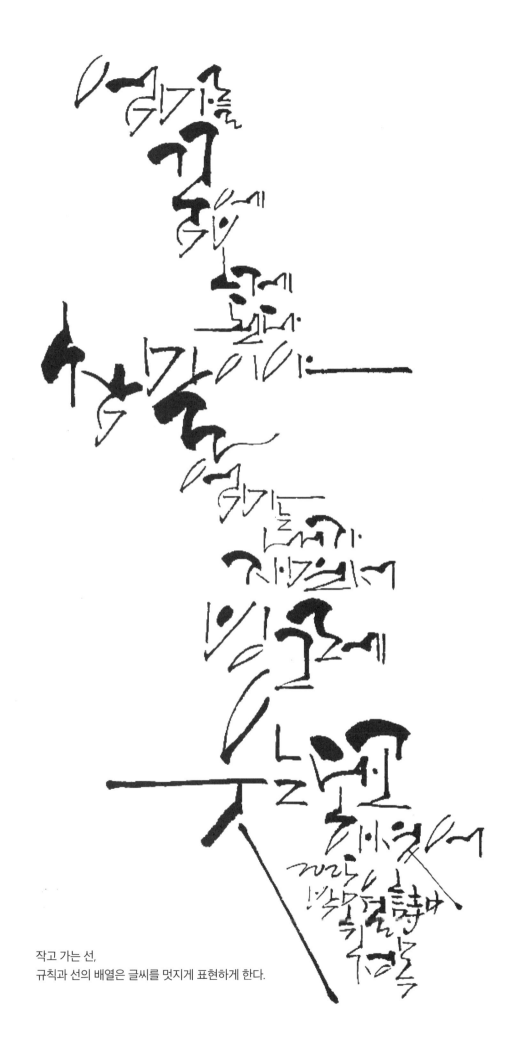

작고 가는 선,
규칙과 선의 배열은 글씨를 멋지게 표현하게 한다.

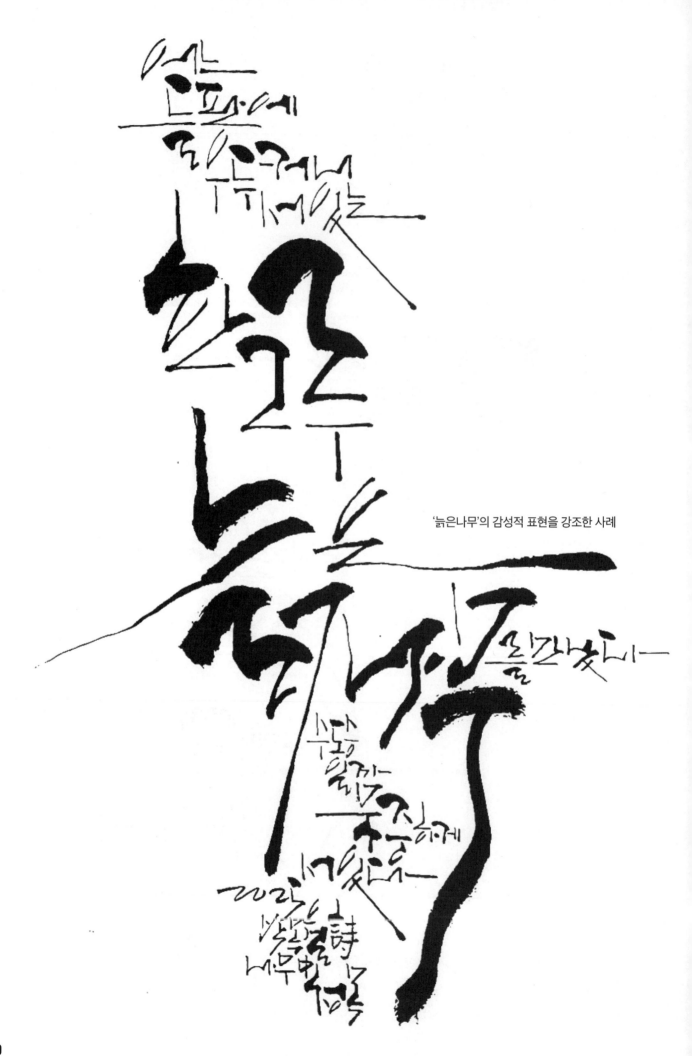

'늙은나무'의 감성적 표현을 강조한 사례

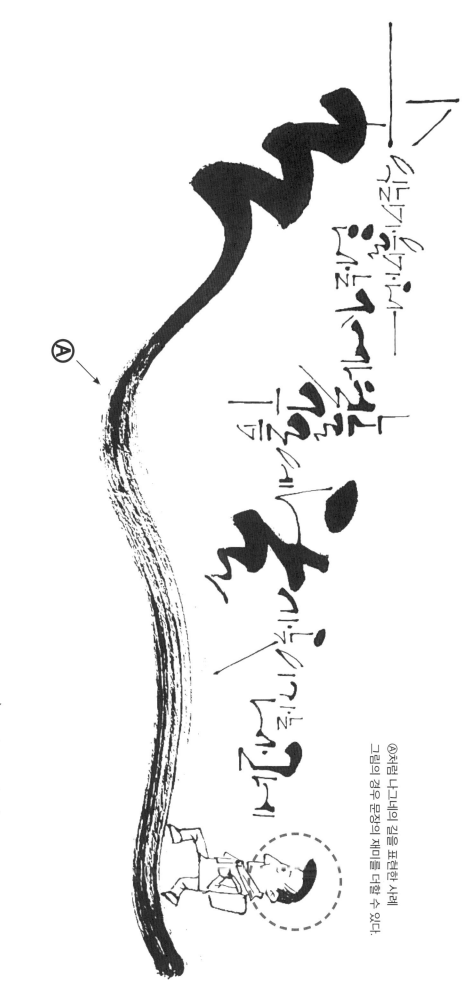

Ⓐ처럼 나그네의 길을 표현한 사례
그림의 경우 문장의 재미를 더할 수 있다.

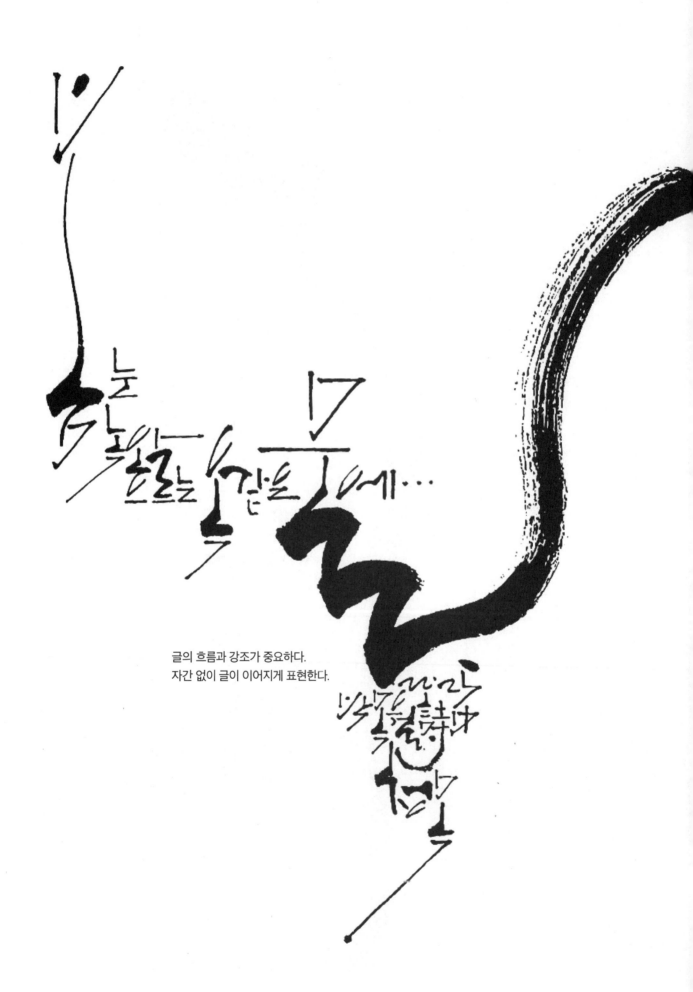

글의 흐름과 강조가 중요하다.
자간 없이 글이 이어지게 표현한다.

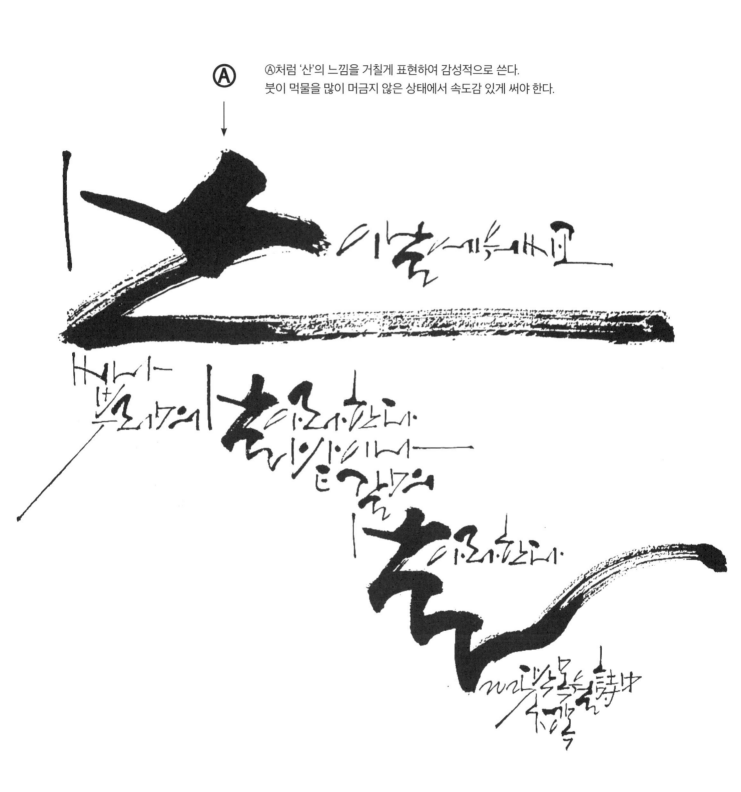

ⓐ처럼 '산'의 느낌을 거칠게 표현하여 감성적으로 쓴다.
붓이 먹물을 많이 머금지 않은 상태에서 속도감 있게 써야 한다.

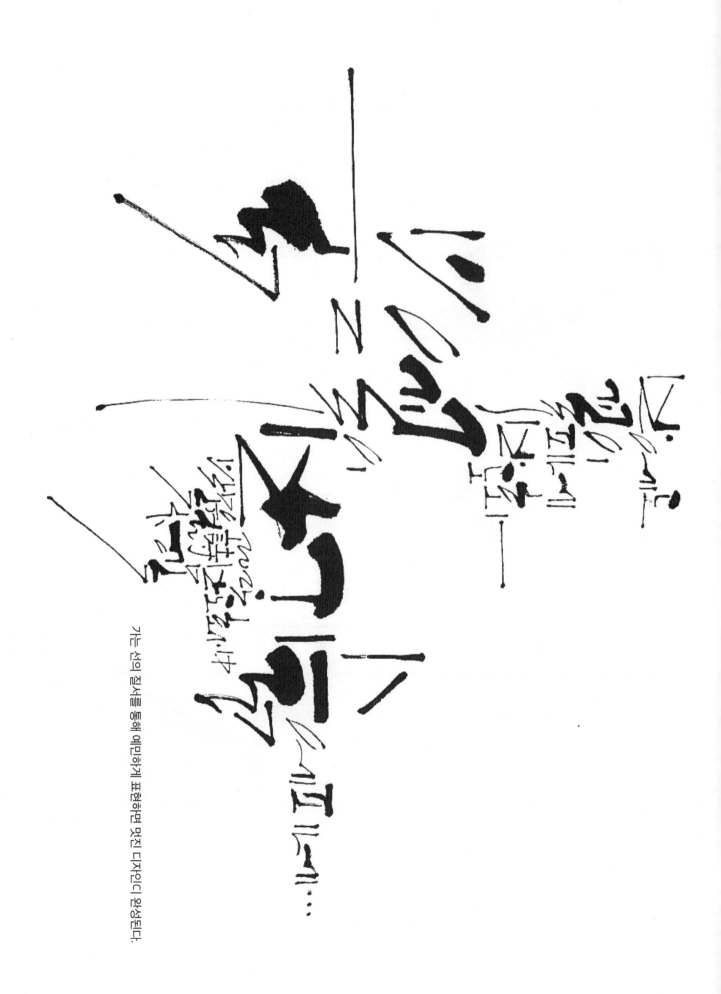

가는 선의 질서를 통해 예민하게 표현하면 멋진 디자인이 완성된다.

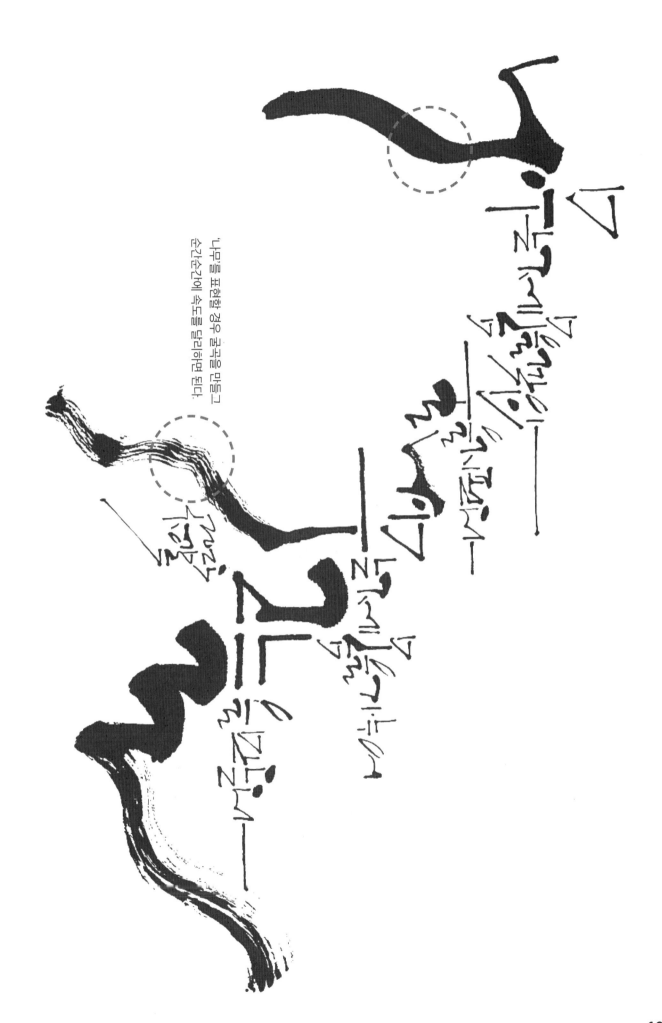

'나무'를 표현할 경우 굵굵을 만들기
순간순간에 속도를 달리하면 된다.

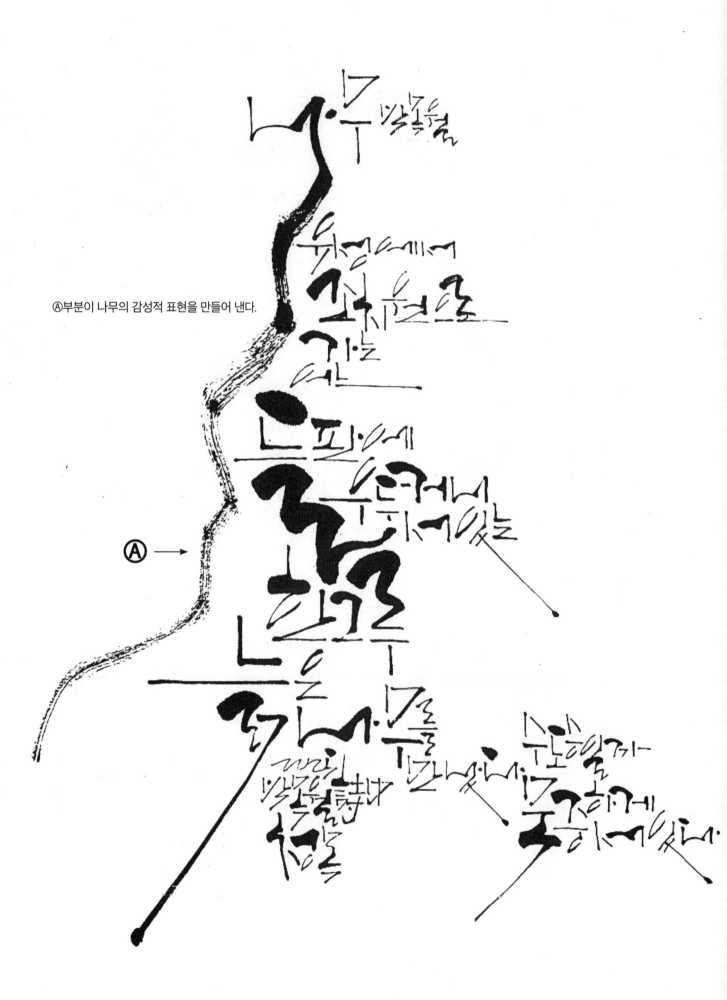

ⓐ부분이 나무의 감성적 표현을 만들어 낸다.

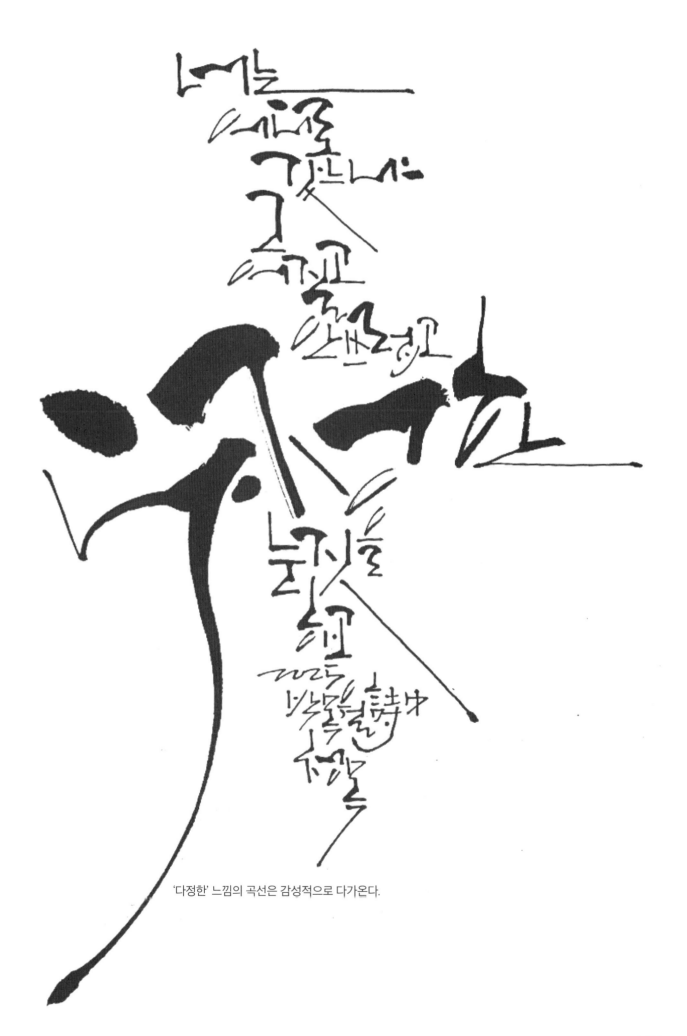

'다정한' 느낌의 곡선은 감성적으로 다가온다.

강조할 단어를 쓸 때는 평소보다 더 강하고 크게 쓰도록 한다.

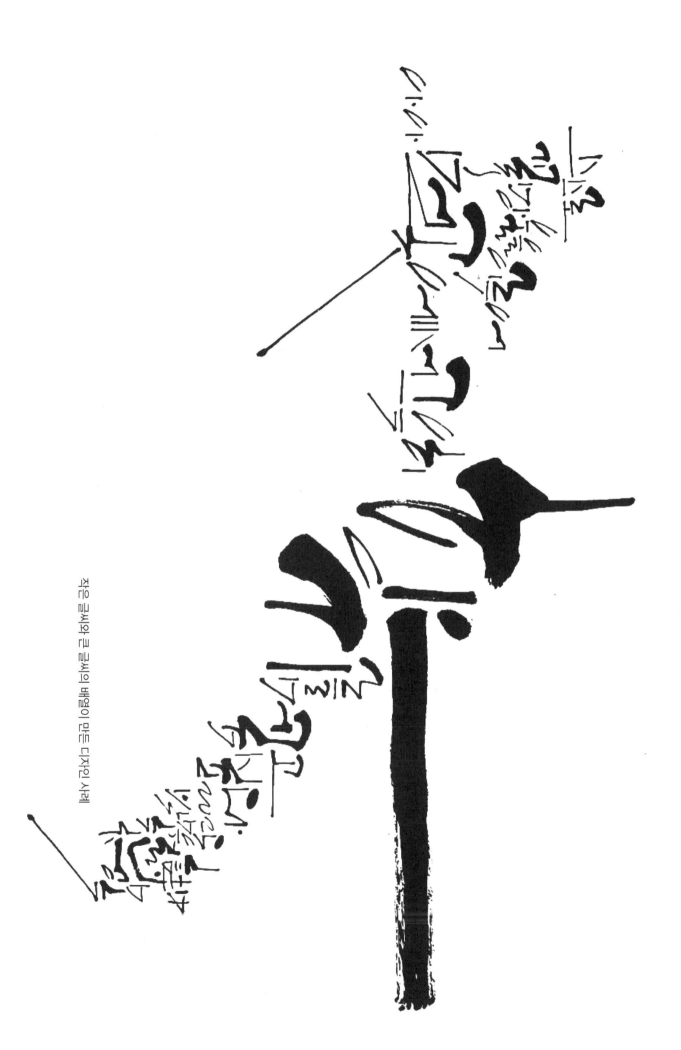

작은 글씨와 큰 글씨의 배열이 만드는 디자인 사례

'하루' 글씨가 강조된 사례와
세로형 직사각형 디자인이 특징

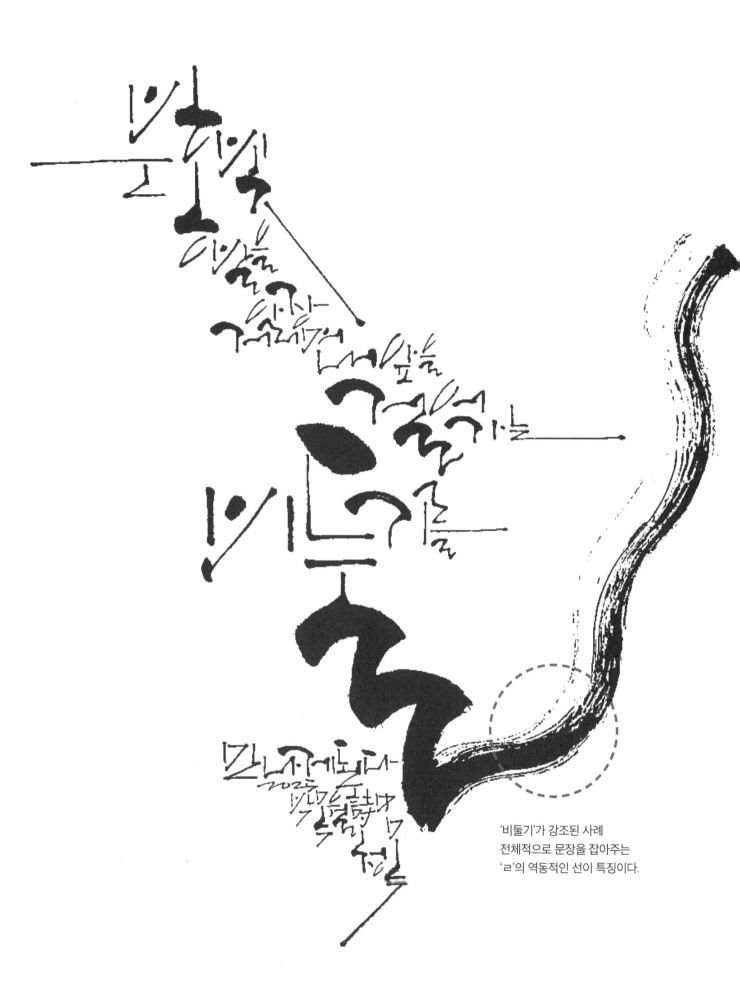

'비둘기'가 강조된 사례
전체적으로 문장을 잡아주는
'ㄹ'의 역동적인 선이 특징이다.

Ⓐ처럼 선의 자유스러움이 주는 감성 표현이 중요하다.

132

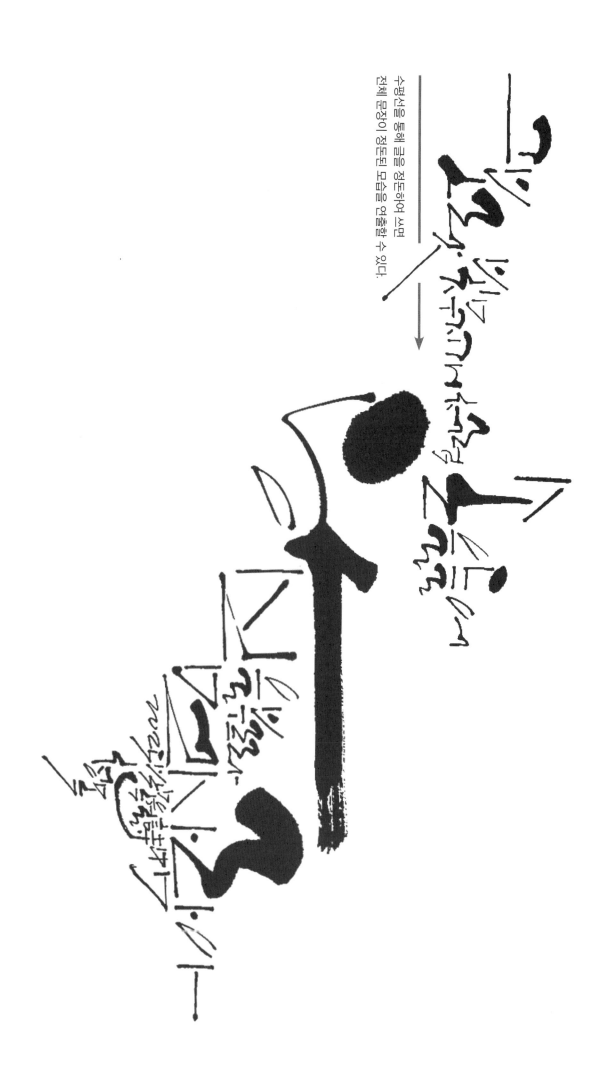

수평선을 통해 글을 정돈하여 쓰면
전체 문장이 정돈된 모습을 연출할 수 있다.

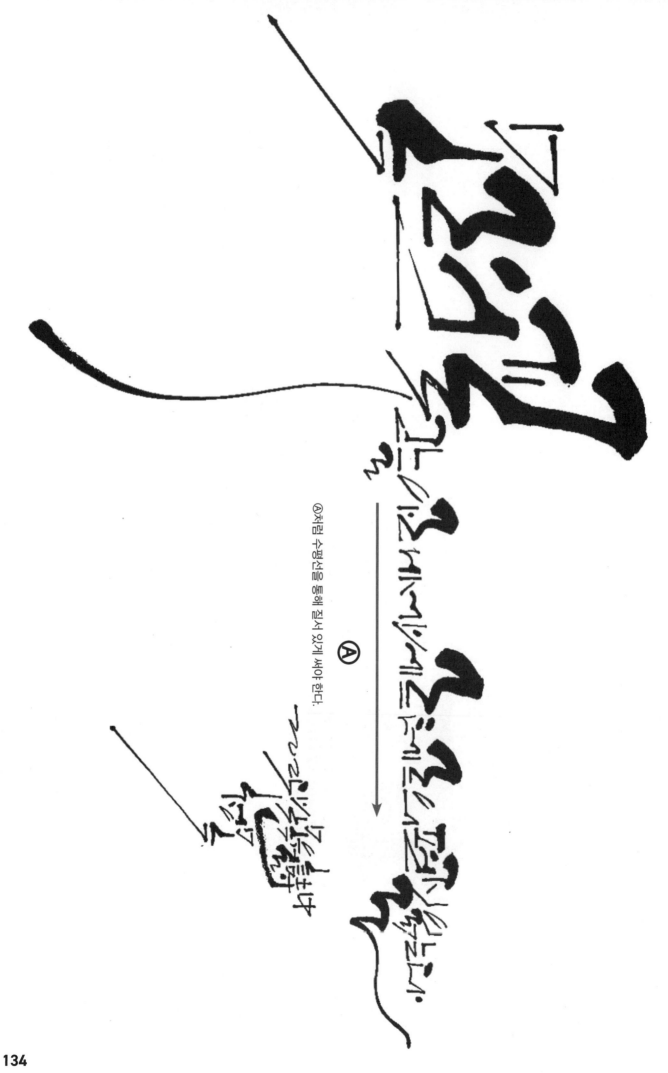

Ⓐ처럼 수평선을 통해 질서 있게 써야 한다.

전체적으로 덩어리감을 표현하는 사례
Ⓐ는 빠르게 붓의 끝을 사용해야 한다.

Ⓐ

Ⓐ처럼 선의 디자인은 공간을 만들고 여백의 미를 연출한다.

Ⓐ

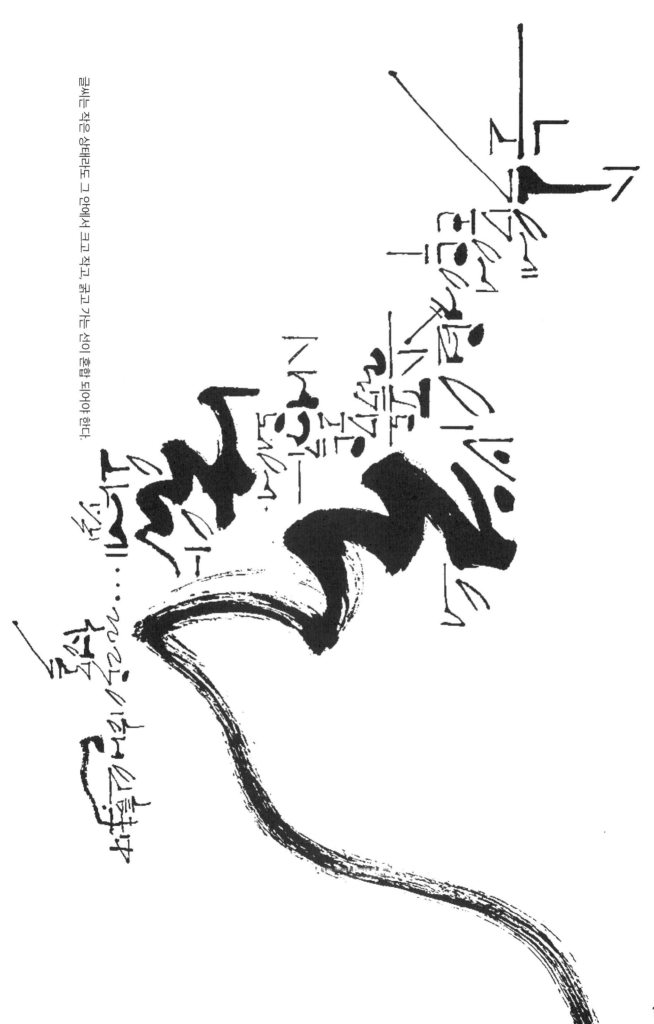

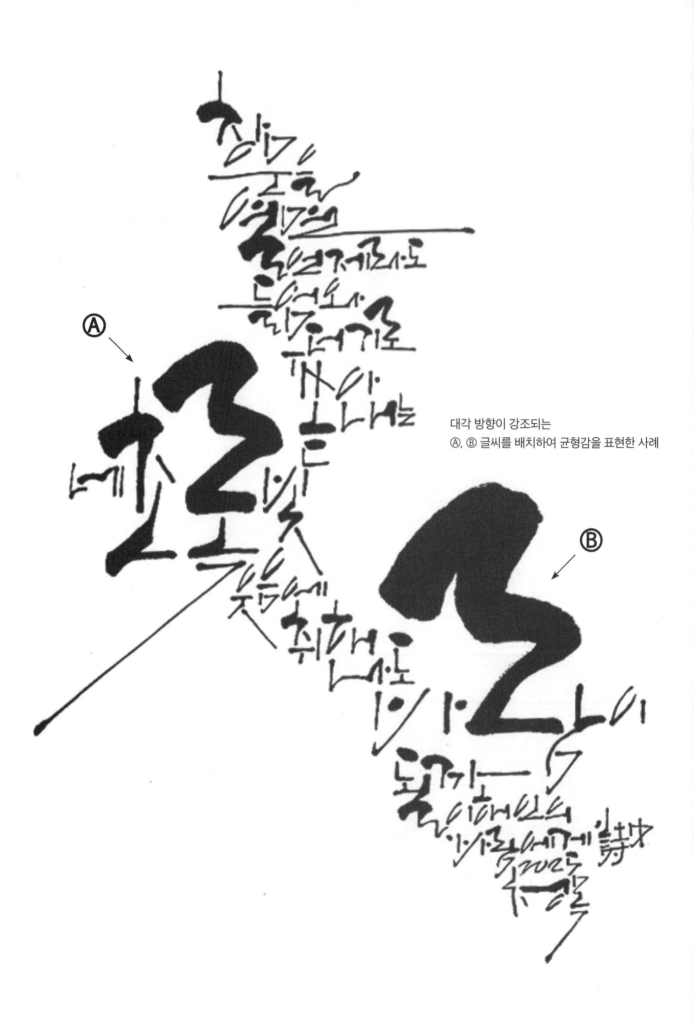

대각 방향이 강조되는
Ⓐ, Ⓑ 글씨를 배치하여 균형감을 표현한 사례

138

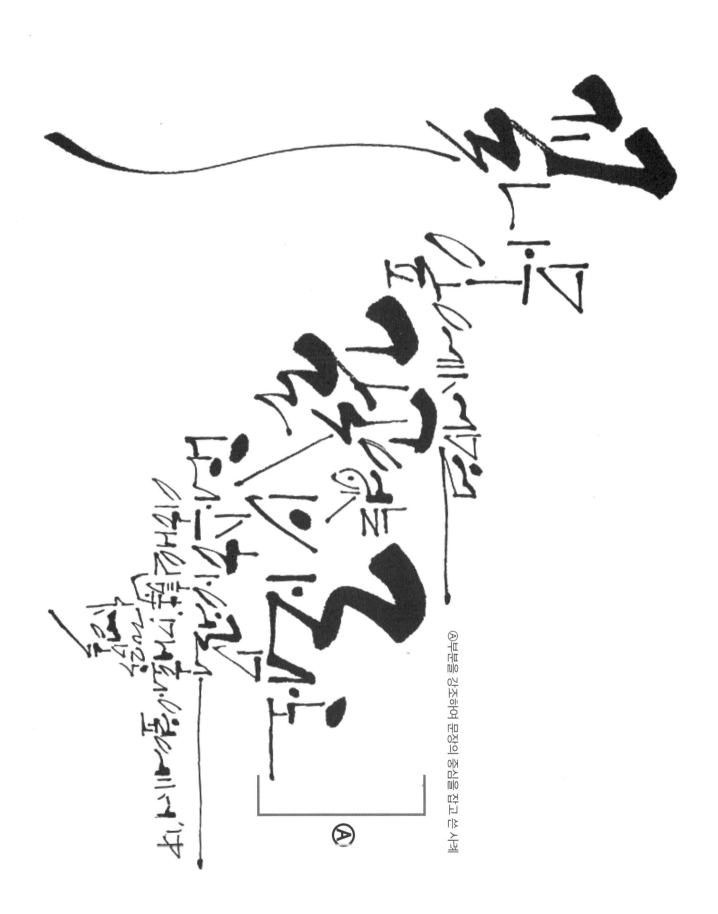

ⓐ부분을 강조하여 문장의 중심을 잡고 쓴 서체

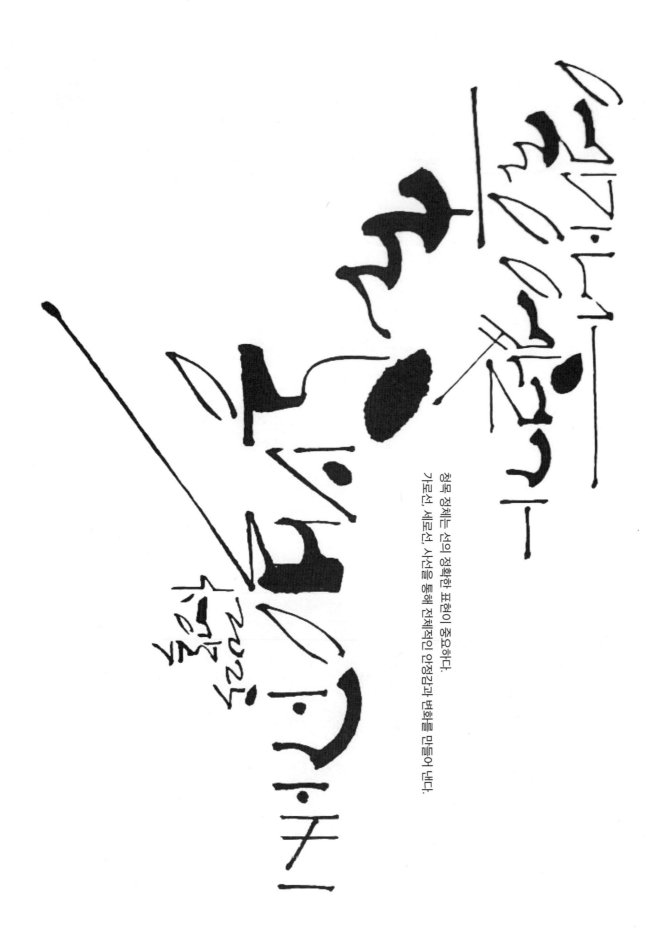

정박 정체는 선의 정확한 표현이 중요하다.
가로선, 세로선, 사선을 통해 전체적인 안정감과 변화를 만들어 낸다.

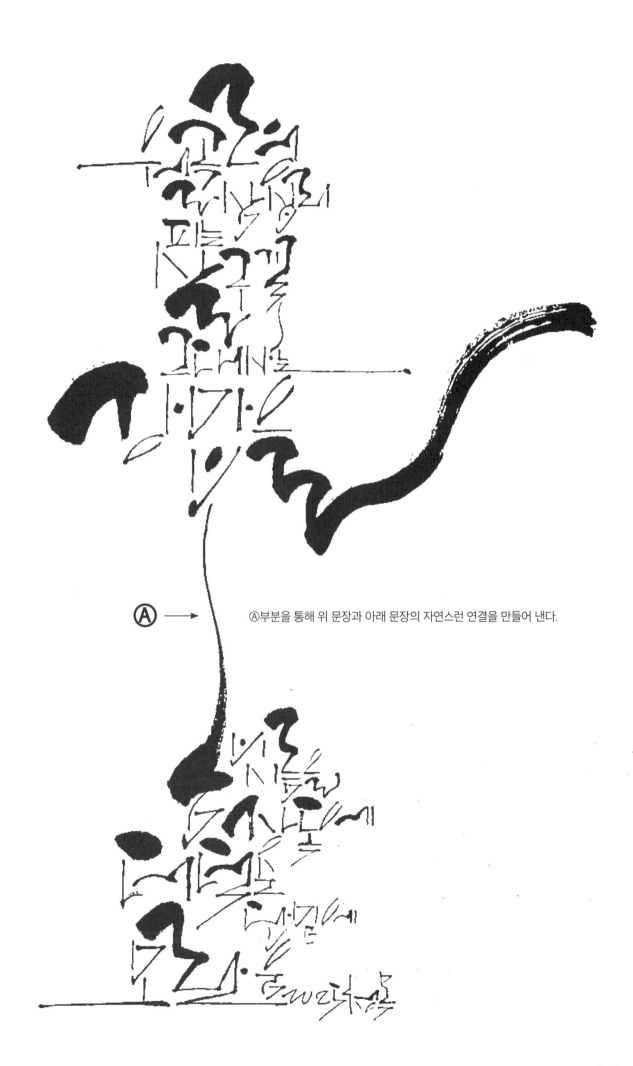

Ⓐ부분을 통해 위 문장과 아래 문장의 자연스런 연결을 만들어 낸다.

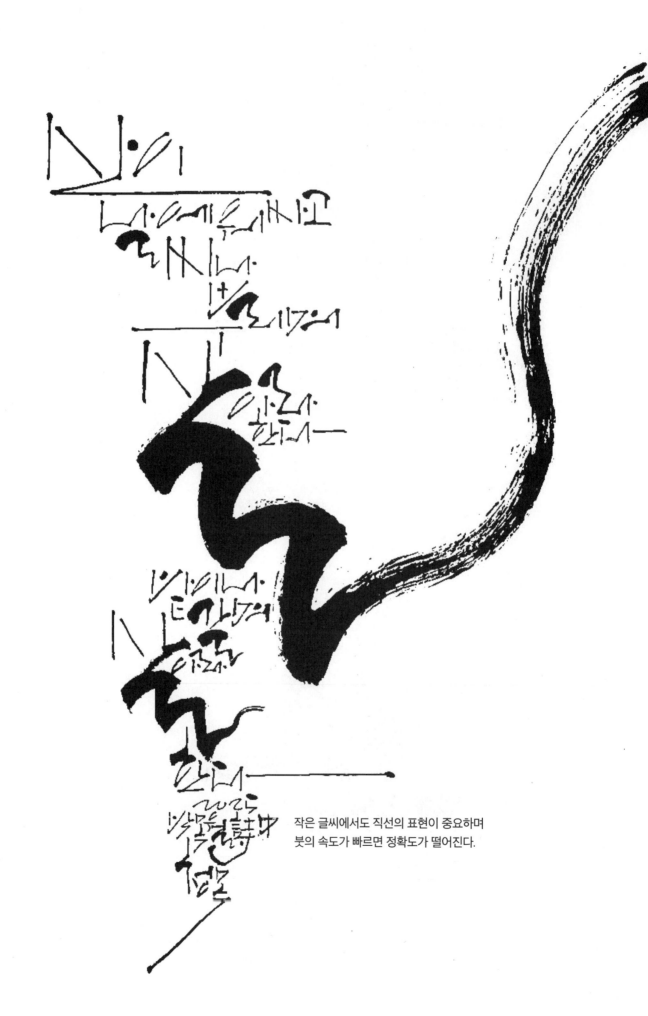

작은 글씨에서도 직선의 표현이 중요하며
붓의 속도가 빠르면 정확도가 떨어진다.

'달' 글자 안에 작은 글씨를 형태에 따라 표현한 디자인

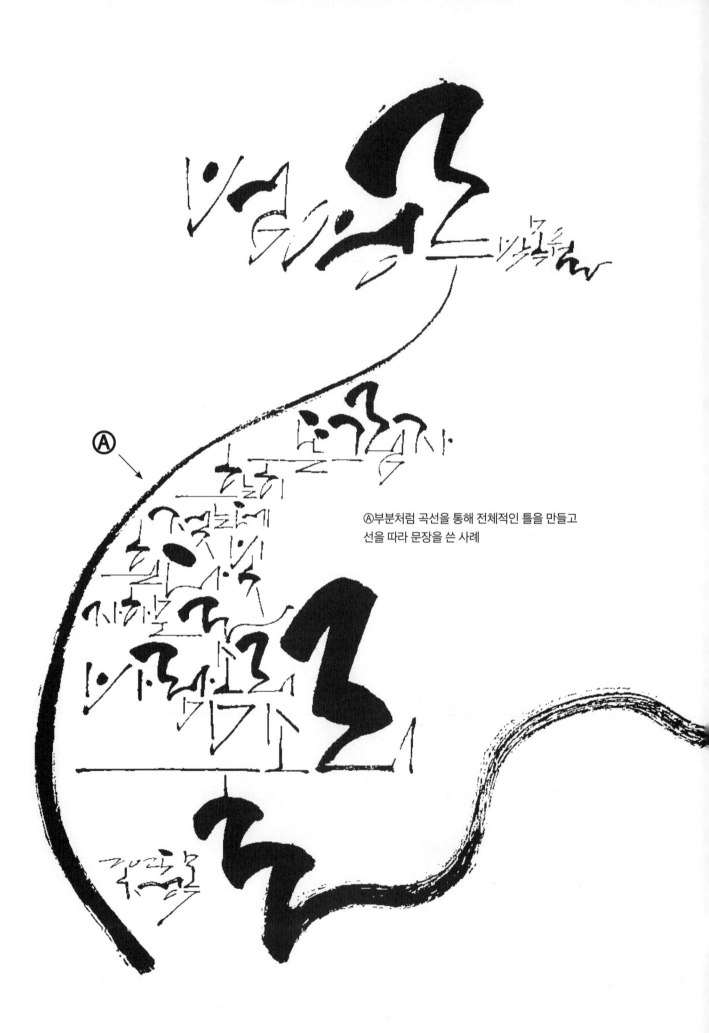

Ⓐ부분처럼 곡선을 통해 전체적인 틀을 만들고
선을 따라 문장을 쓴 사례

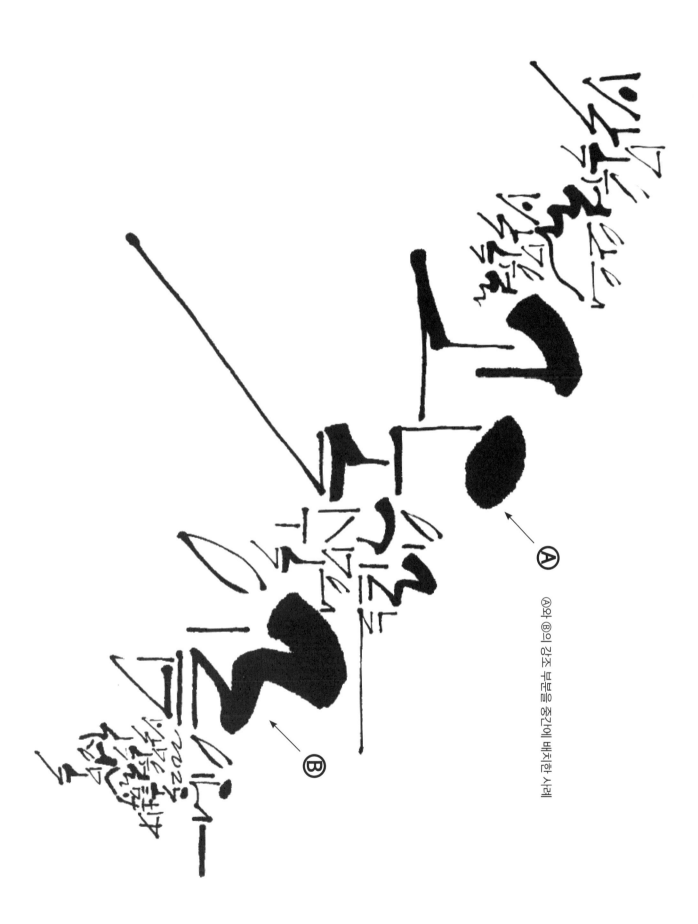

Ⓐ와 Ⓑ의 강조 부분을 중간에 배치한 사례

145

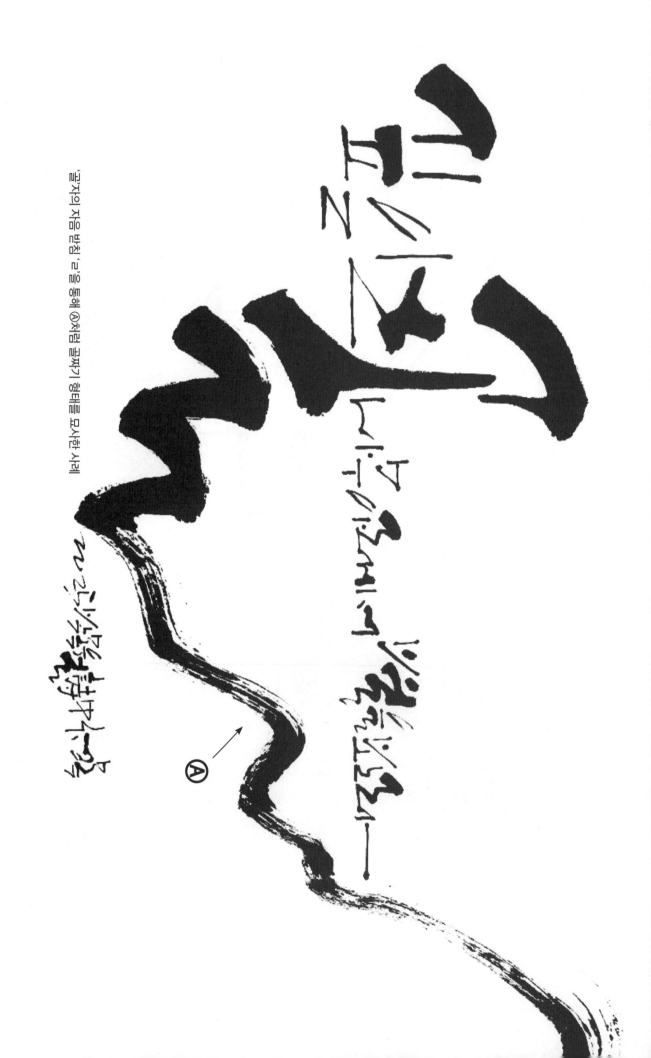

'끌자의 자음 받침 'ㄹ'을 통해 ⒶA처럼 끌쩌기 형태를 묘사한 사례

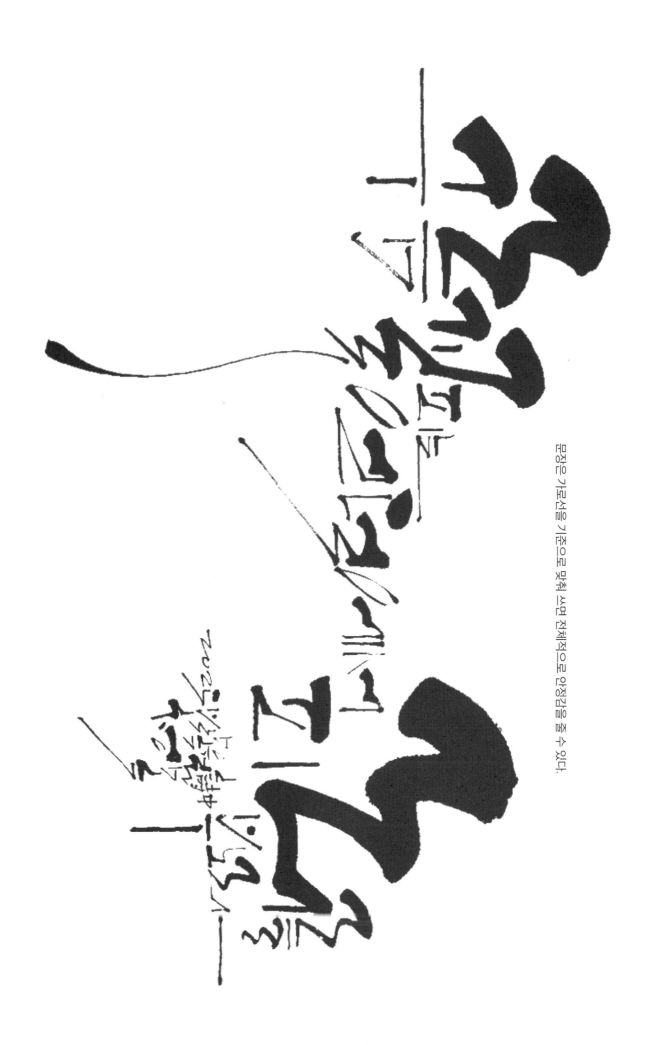

문장은 기준선을 기준으로 맞춰 쓰면 전체적으로 안정감을 줄 수 있다.

147

'말자'를 강조하여 자유로운 선을 만들고
작은 글씨는 질서를 통해 표현하면 디자인의 완성도가 높다.

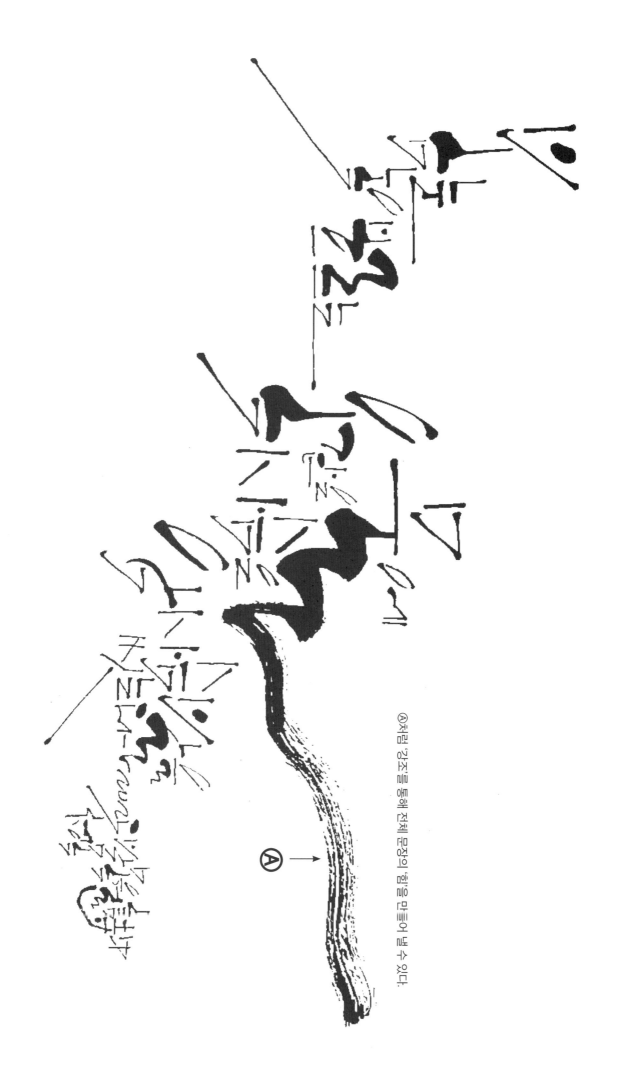

Ⓐ처럼 '강조 끝'을 통해 전체 문장의 '힘'을 만들어 낼 수 있다.

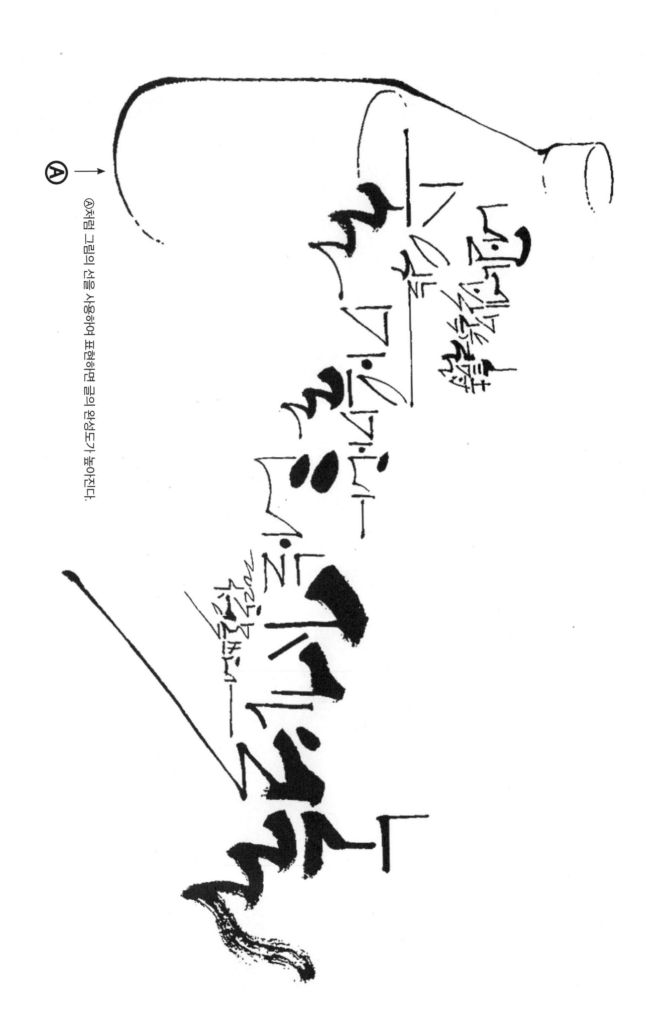

Ⓐ처럼 그림의 선을 사용하여 표현하면 글의 완성도가 높아진다.

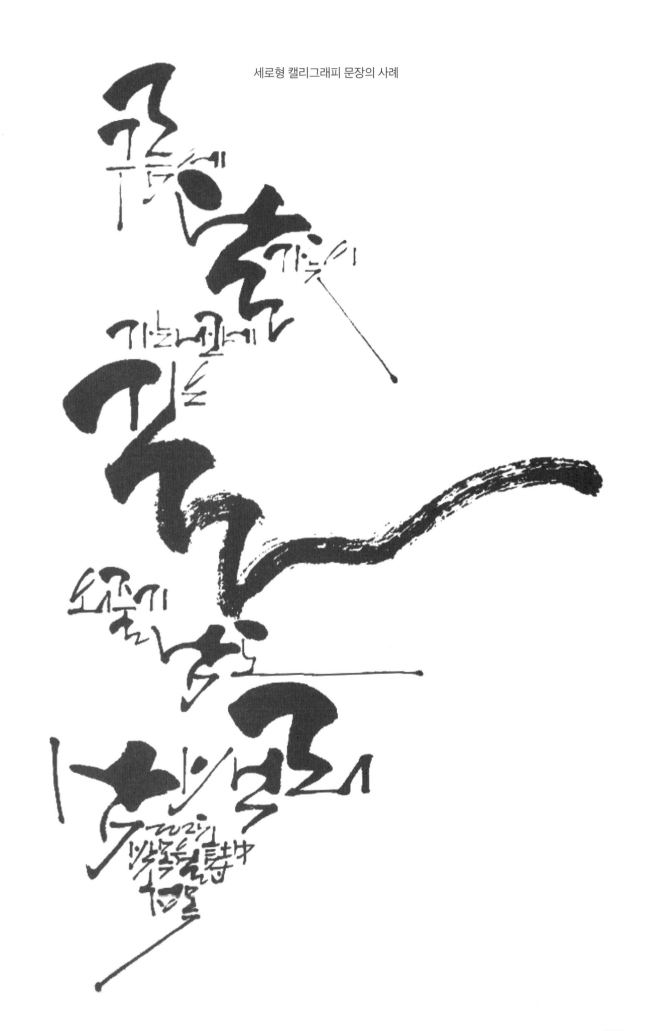

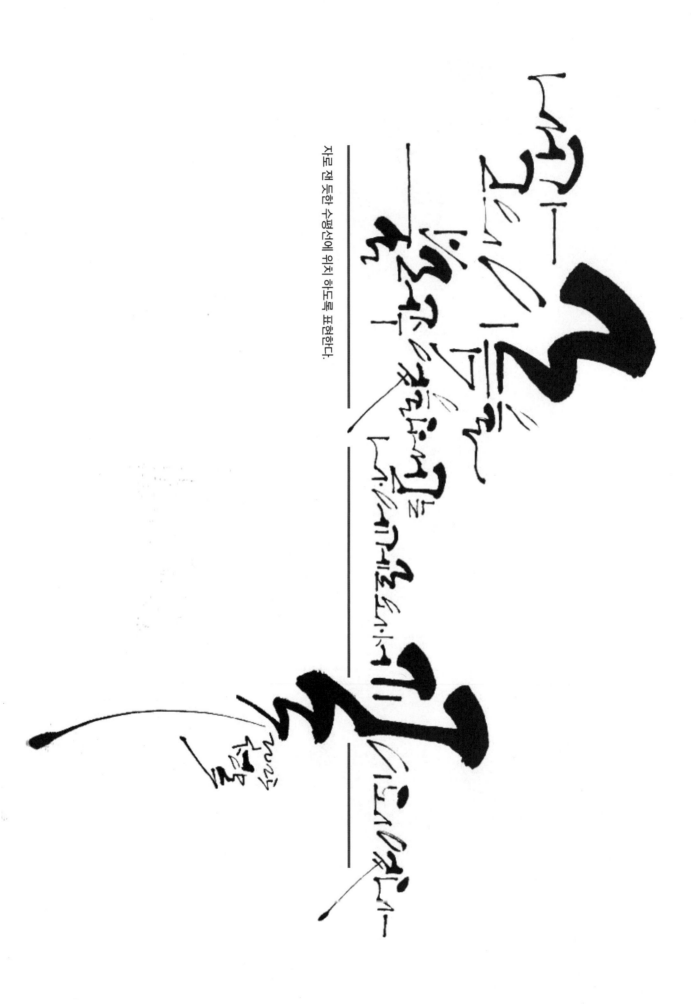

지로 잰 듯한 수평선에 위치 하도록 표현한다.

152

거친 붓 터치로 '말'을 표현한 사례

청복 정체의 전형적인 표현 기법

Ⓐ처럼 조사 '은'은 다른 조사처럼 가늘고 작은 글씨로 표현해야 한다.
Ⓑ처럼 선은 '수평선'을 맞춰 쓰면 글씨 크기의 변화에도 불구하고
'질서'를 갖추어서 문장의 아름다움이 생긴다.

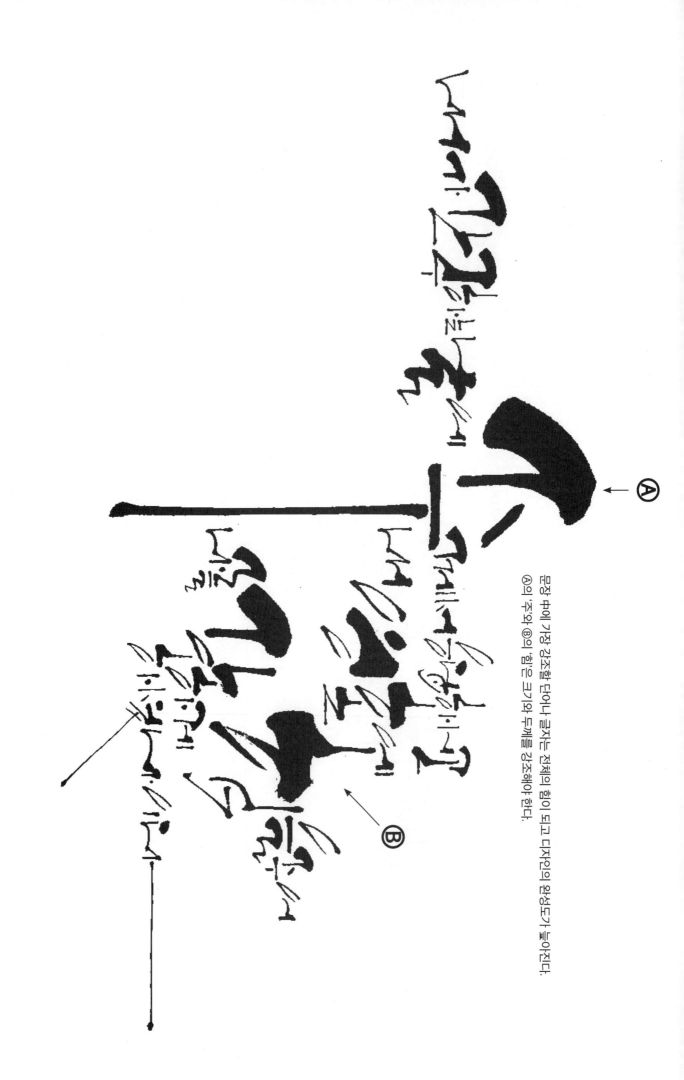

문장 中에 가장 강조할 단어나 글자는 전체의 힘이 되고 디자인의 완성도가 높아진다.
Ⓐ의 '주'와 Ⓑ의 '힘'은 크기와 두께를 강조해야 한다.

같은 글자의 중복인 경우
둘 중 하나는 크기를 다르게 표현한다.

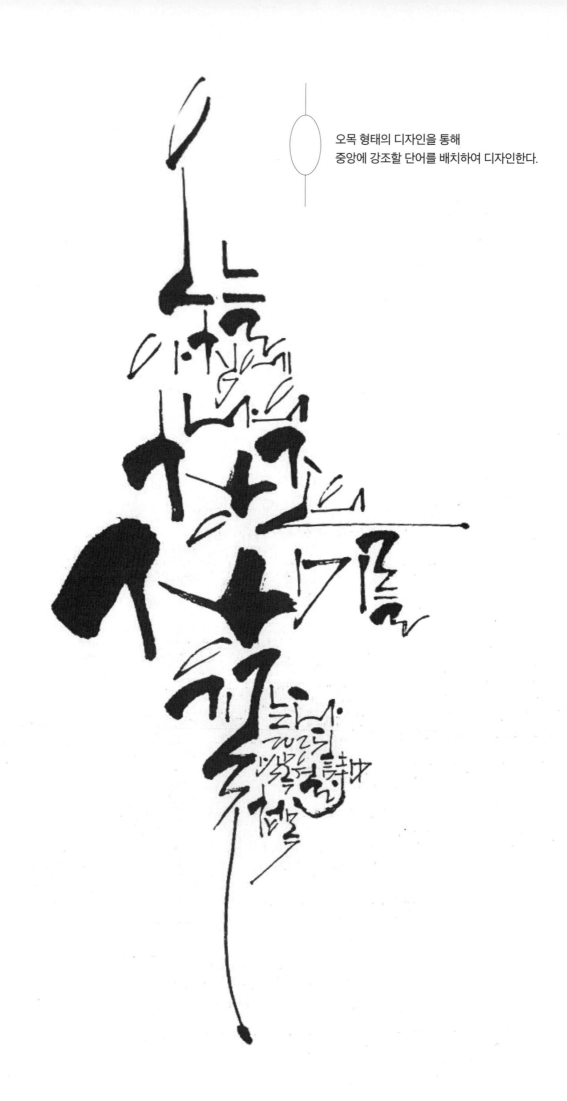

오목 형태의 디자인을 통해
중앙에 강조할 단어를 배치하여 디자인한다.

형태의 문자와 디자인으로 문장의 표현은 디자인에 따라 다양한 작품을 엮출이 가능하다.

160

문장의 전체적 덩어리감을 위해서는
자간을 가로와 세로 형태 모두 좁혀서 여백을 줄여야 한다.

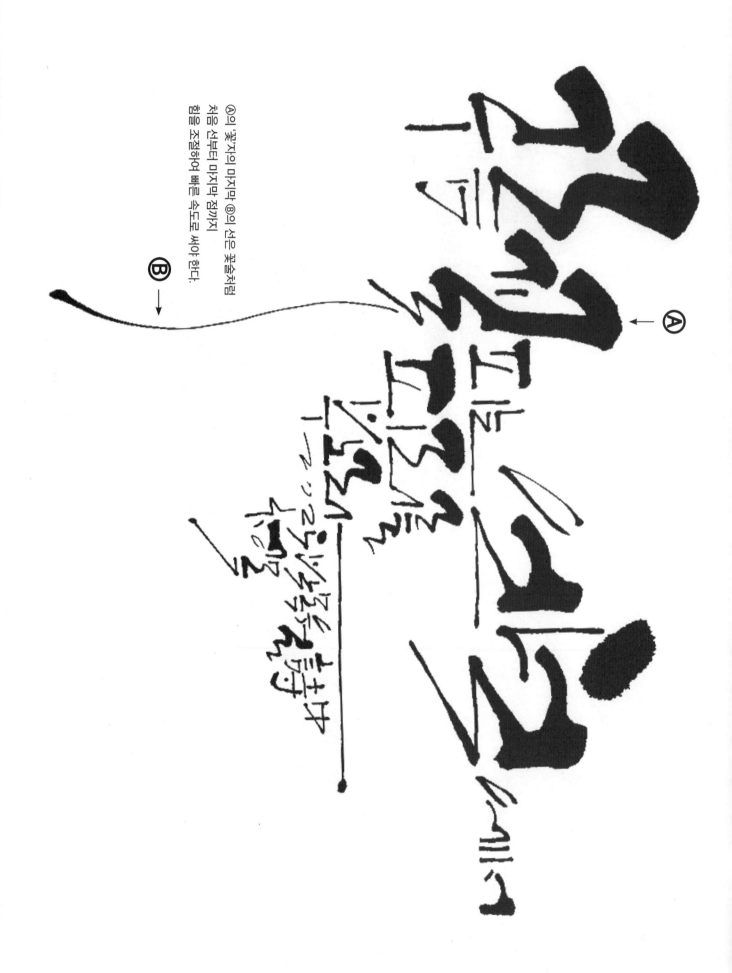

ⓐ의 '꽃'자의 마지막 ⓑ의 선은 꽃술처럼
처음 선부터 마지막 점까지
힘을 조절하여 빠른 속도로 써야 한다.

ⓐ →

ⓑ →

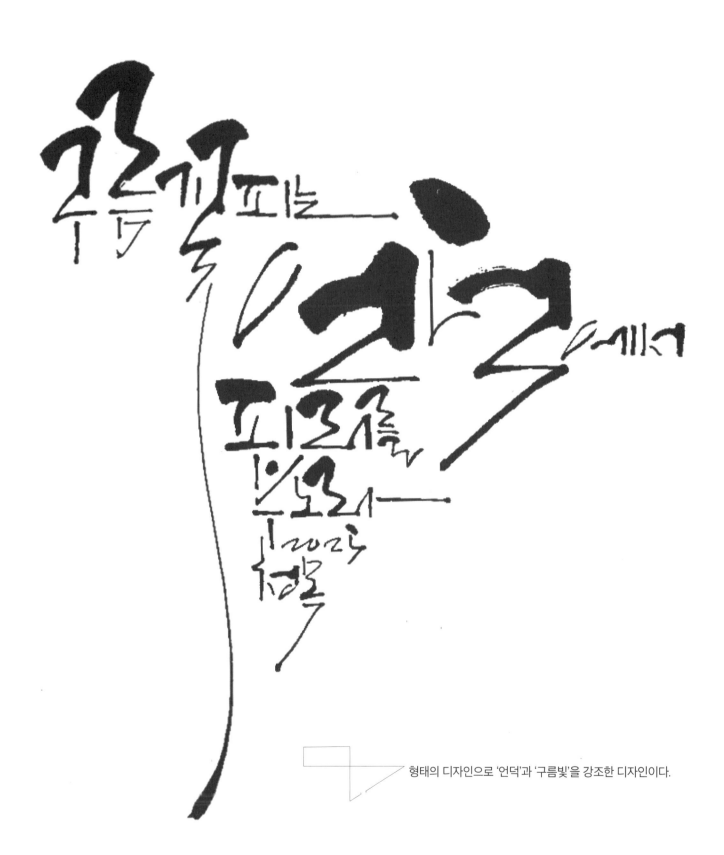

구름이 피는 언덕에서 피크닉 1/고사 - 2025 5월

형태의 디자인으로 '언덕'과 '구름빛'을 강조한 디자인이다.

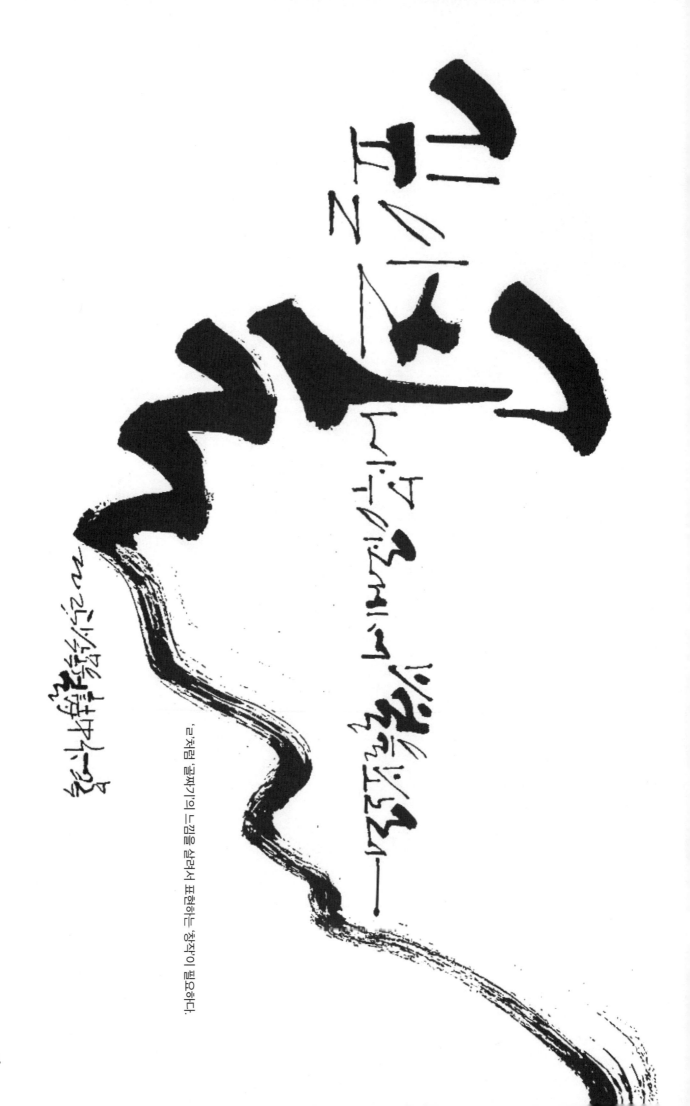

글처럼 '글씨기'의 느낌을 살려서 표현하는 '창작'이 필요하다.

작은 글씨는 천천히 가늘게 표현하며
수평과 수직선의 규칙을 지켜서 표현해야 한다.

너는 하나님께 소망을 두라 그가 나타나 도우심으로 말미암아 내가 여전히 찬송하리로다

청목 정체는 질서가 생명이다.
수평선과 수직선의 규칙에 의해 표현하며
작은 글씨를 더욱 가늘게 표현해야 한다.

시편 43:5

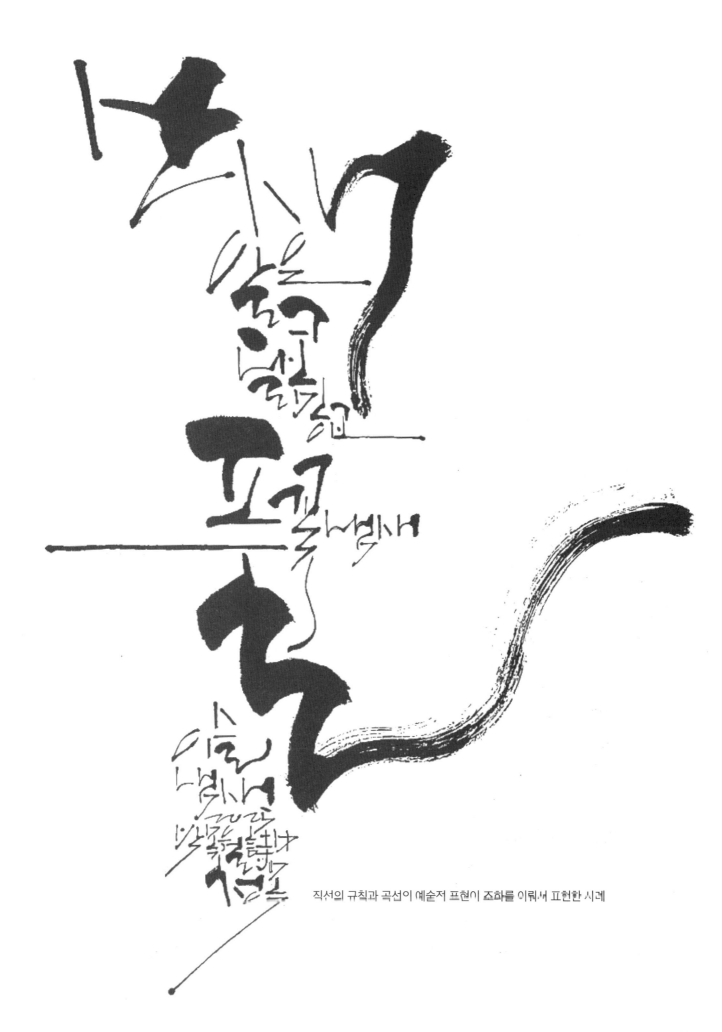

직서의 규칙과 곡선이 예술적 표현이 조화를 이뤄서 표현한 사례

'성황당'처럼 느낌을 담아내는 감성 글씨를 위해
붓의 필압과 속도에 따라 표현하는 연습이 필요하다.

글자가 많을수록 작은 글씨 덩어리와 중간에
'강조'되는 단어를 섞어서 쓴다.

문장 디자인에서 글의 배치는 다양하게 표현할 수 있다.
Ⓐ부분처럼 강조할 부분을 참고하여 응용하여 표현할 수 있다.

때론 형태의 이미지를 활용하여
문장 디자인을 할 수도 있다.

Ⓐ부분처럼 디자인을 결정하는 것은 글의 배치다.

172

문장에서 강조할 글자의 선택은
Ⓐ와 Ⓑ처럼 서로 연관성 있는 글자를 선택하면 도움이 된다.

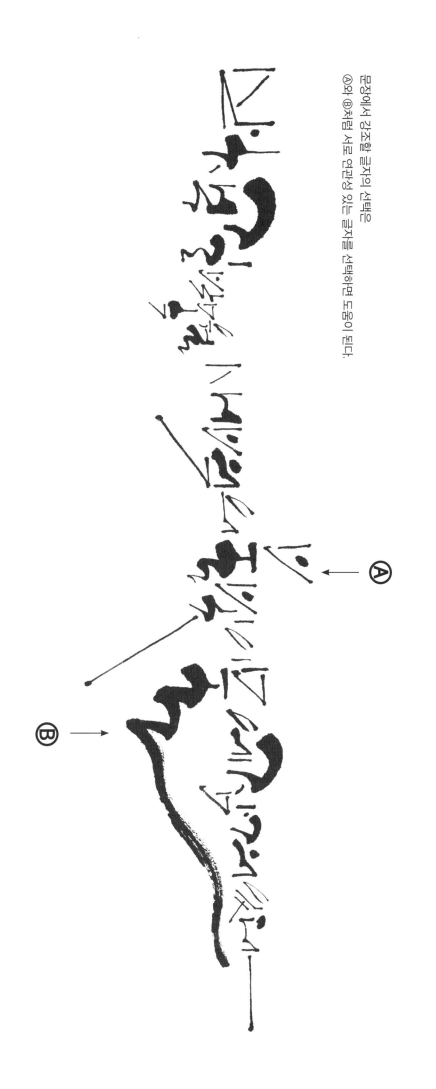

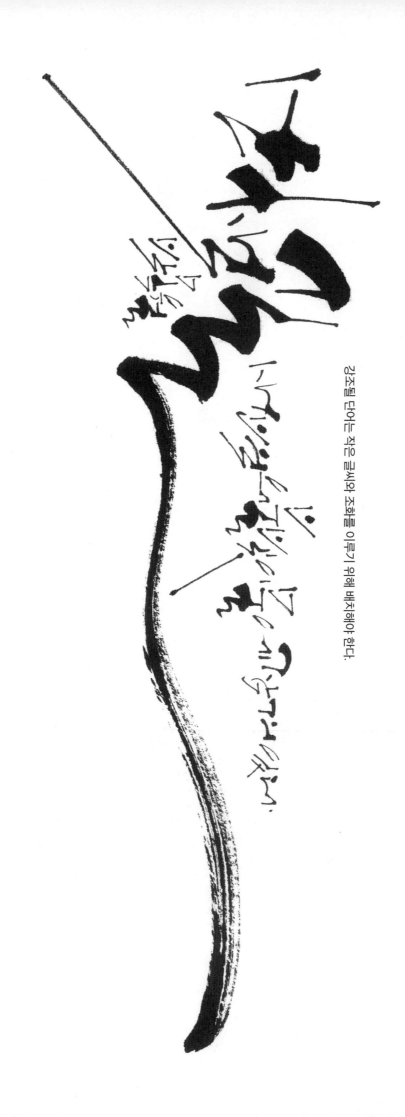

강조될 단어는 작은 글씨와 조화를 이루기 위해 배치해야 한다.

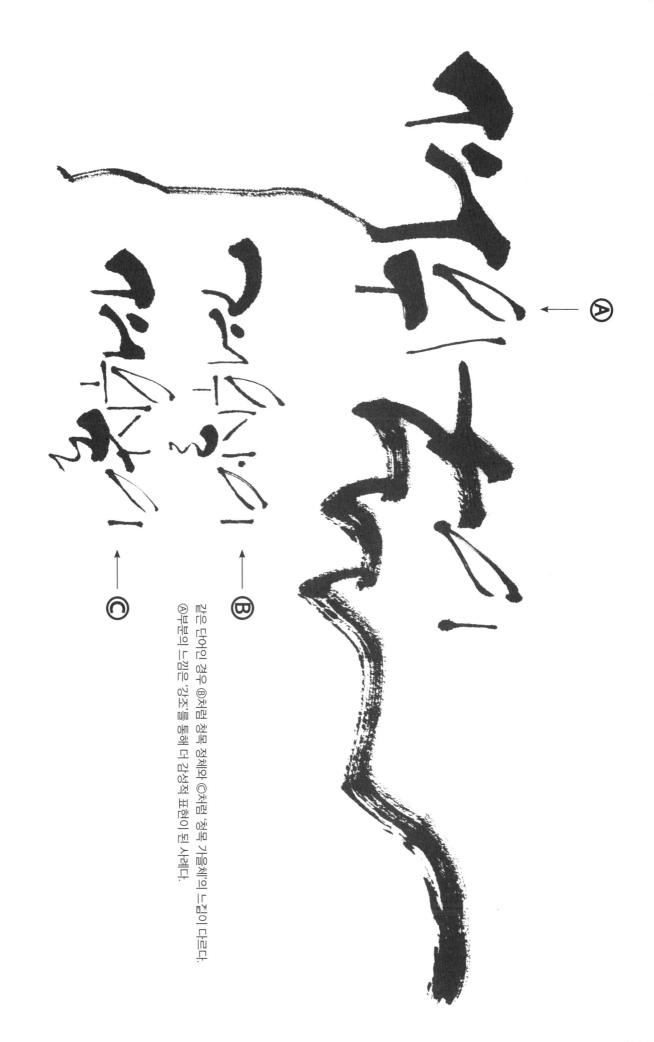

같은 단어의 경우 ⓑ처럼 직무 정체와 ⓒ처럼 직무 기울체의 느낌이 다르다.
Ⓐ부분의 느낌은 '강조'를 통해 더 감성적 표현이 된 사례다.

'겨울'을 강조하여 그 느낌을 선으로 표현된 사례

역삼각형 구조의 디자인이다.
큰 글자부터 점점 작아지는 글자의 배치를 통해 형태를 만들었다.

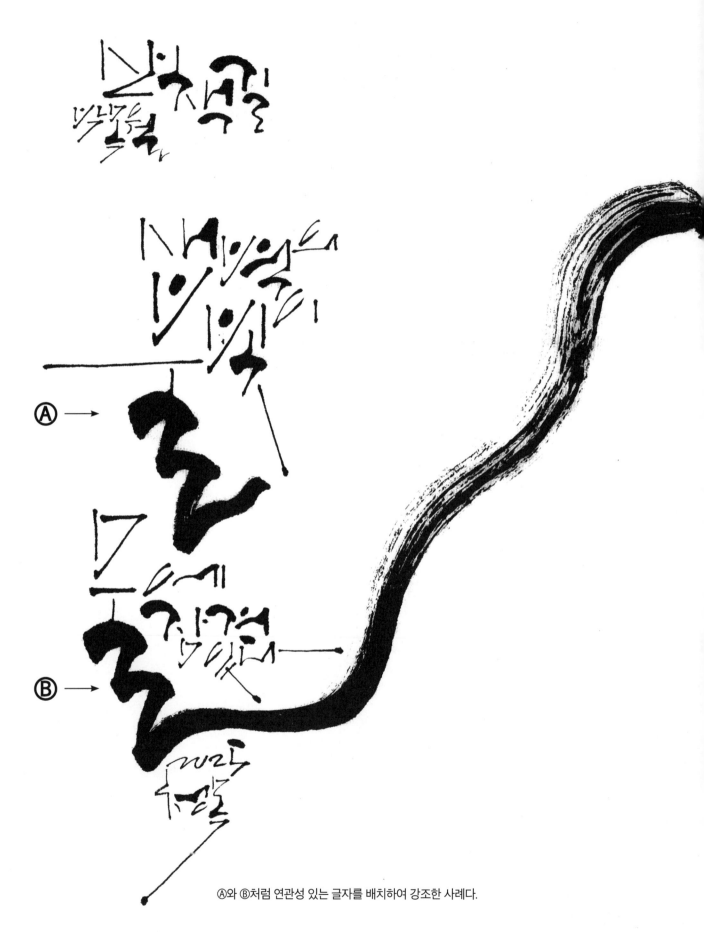

Ⓐ와 Ⓑ처럼 연관성 있는 글자를 배치하여 강조한 사례다.

Ⓐ처럼 강조해서 크게 쓴 경우와
Ⓑ처럼 날렵한 시선의 표현은 전체 문장에서 '힘'이 표현된다.

정체는 천천히 세심하게 표현되어야 하며,
붓의 먹물 양을 조절하며 써야 한다.

Ⓐ처럼 '봄'자를 봄의 아지랑이처럼 곡선을 사용하여 표현하며,
Ⓑ처럼 덩어리감을 나타내기 위해 자간을 좁혀서 써야 한다.

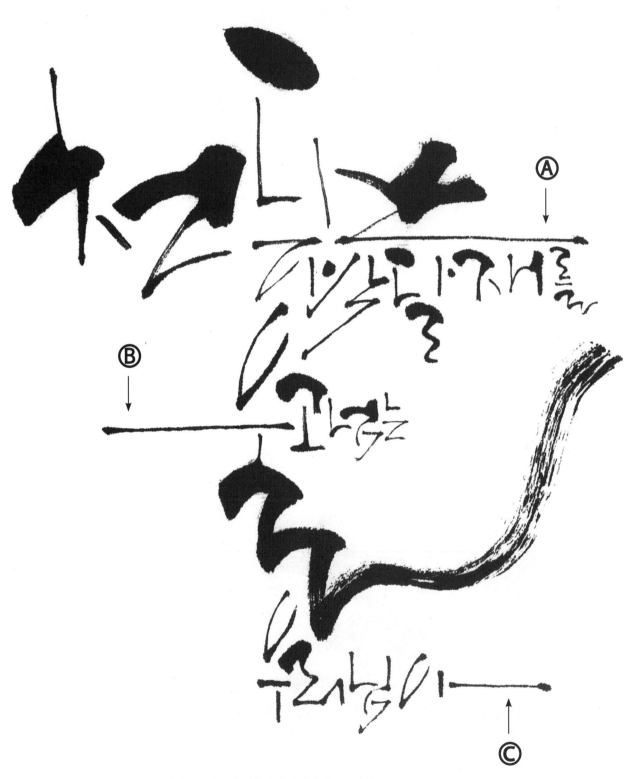

ⒶⒷⒸ의 수평선은 붓의 끝을 이용하여 날렵하게 표현한다.

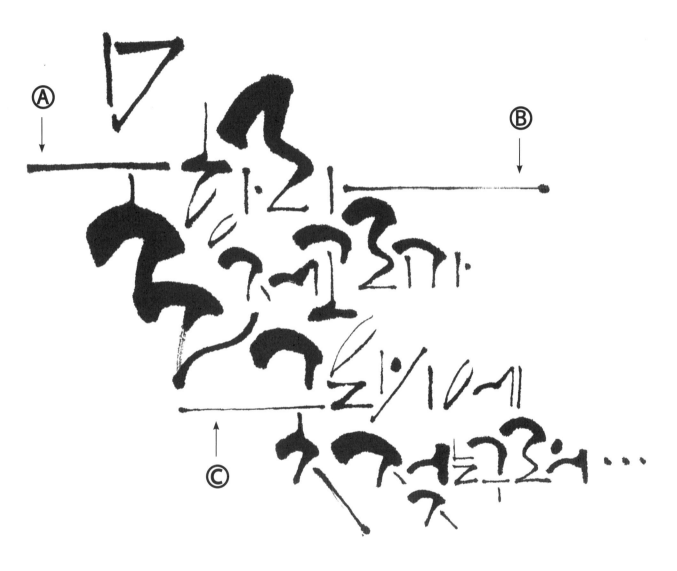

문장의 가로선 Ⓐ, Ⓑ, ©선은 수평선으로, 가는 선으로 표현된다.
문장의 '질서'를 표현한다.

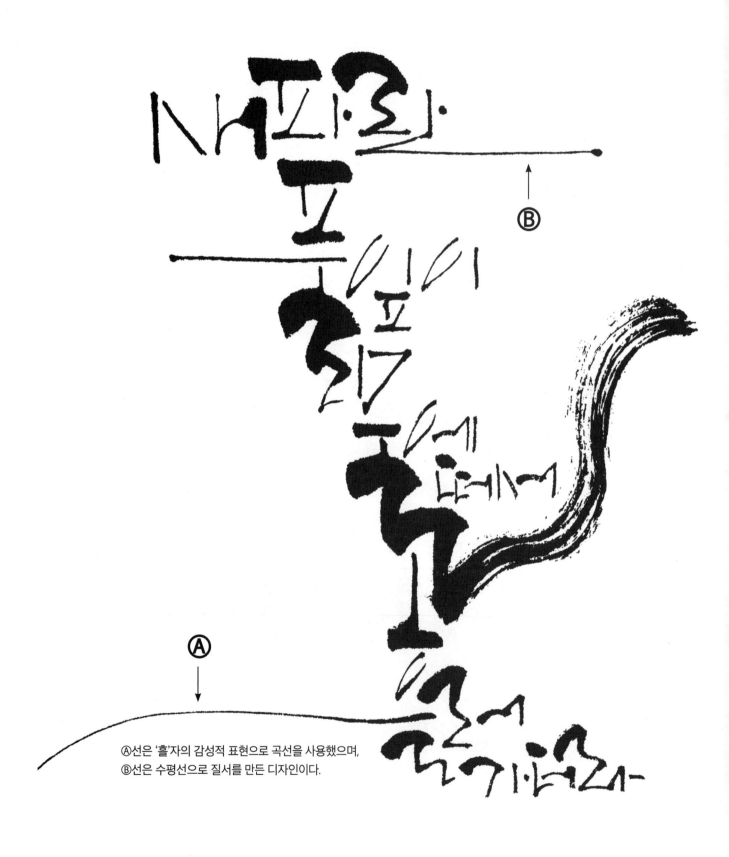

Ⓐ선은 '흘'자의 감성적 표현으로 곡선을 사용했으며,
Ⓑ선은 수평선으로 질서를 만든 디자인이다.

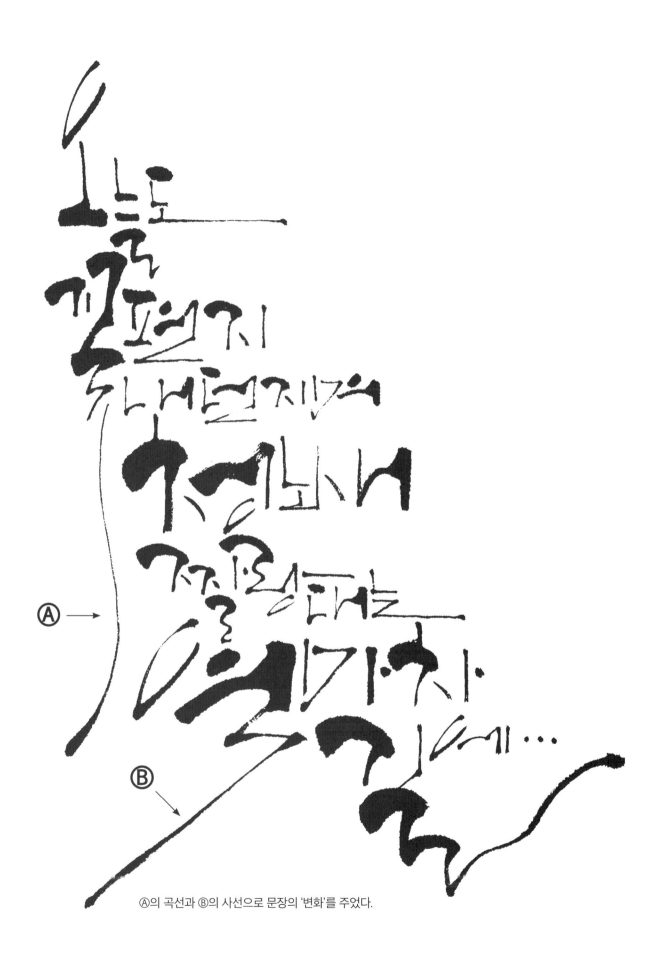

오늘도 길 떠 어지 나 버렸 제가 수 익 봤 서 짓 짐 싱 대 는 력 기 차 이 네 ···

Ⓐ의 곡선과 Ⓑ의 사선으로 문장의 '변화'를 주었다.

계단식 디자인의 사례다.
그림에도 '붉은빛'을 강조의 기능으로 표현한다.

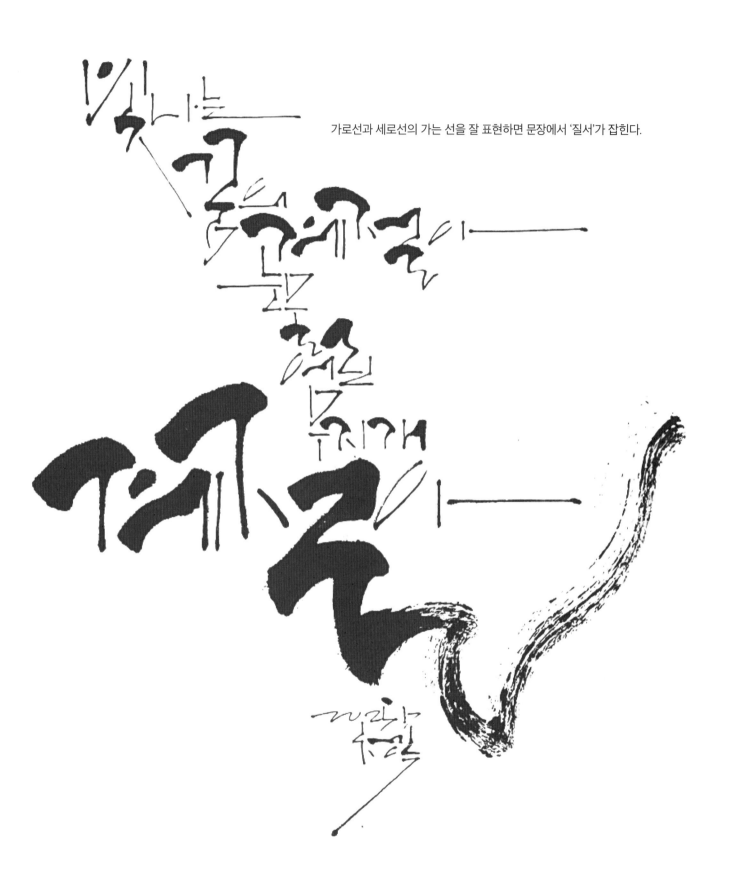

빛나는 길을 가게 될이 녹목 험일 무지개 가게 길이 걸려지

가로선과 세로선의 가는 선을 잘 표현하면 문장에서 '질서'가 잡힌다.

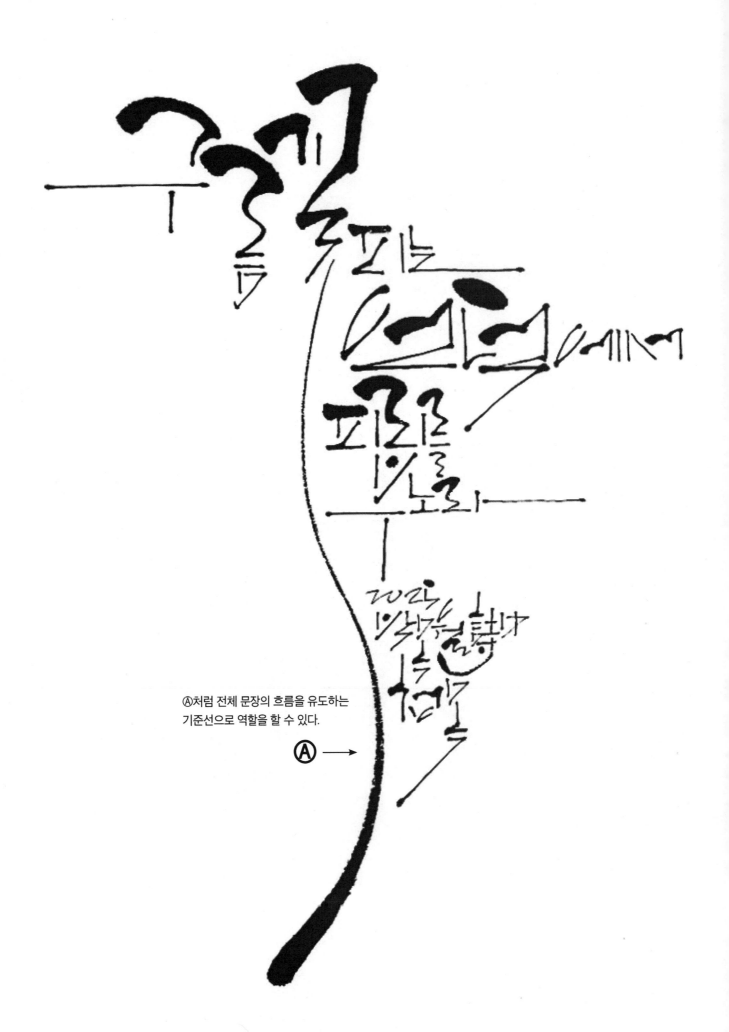

Ⓐ처럼 전체 문장의 흐름을 유도하는
기준선으로 역할을 할 수 있다.

Ⓐ →

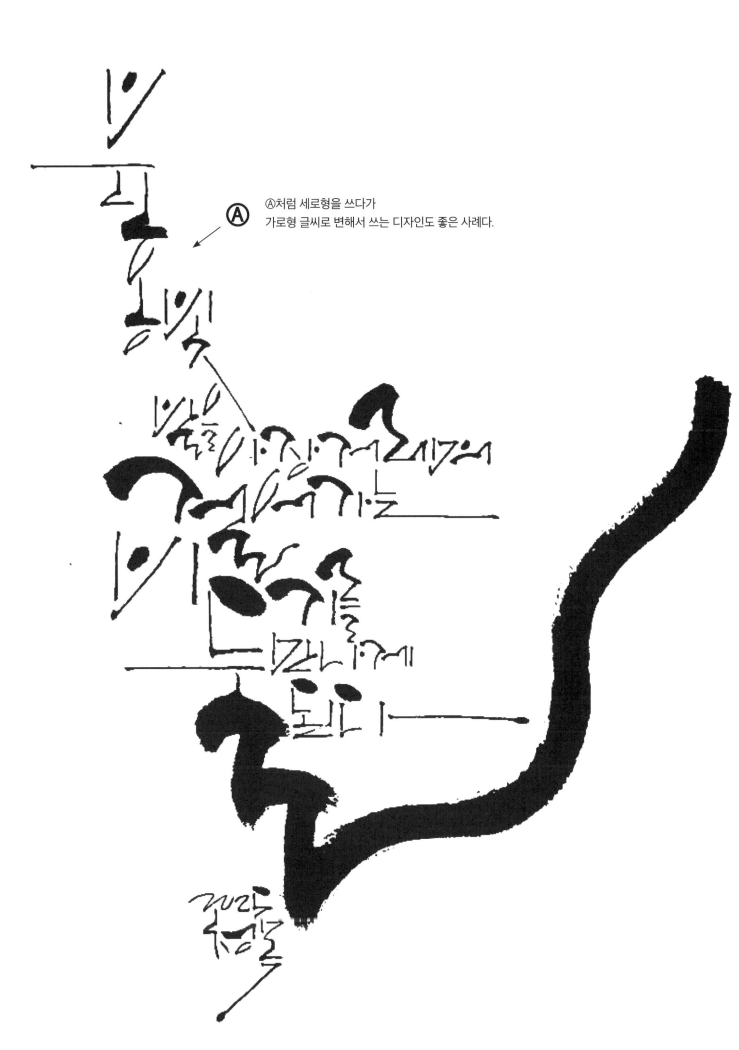

Ⓐ처럼 세로형을 쓰다가
가로형 글씨로 변해서 쓰는 디자인도 좋은 사례다.

189

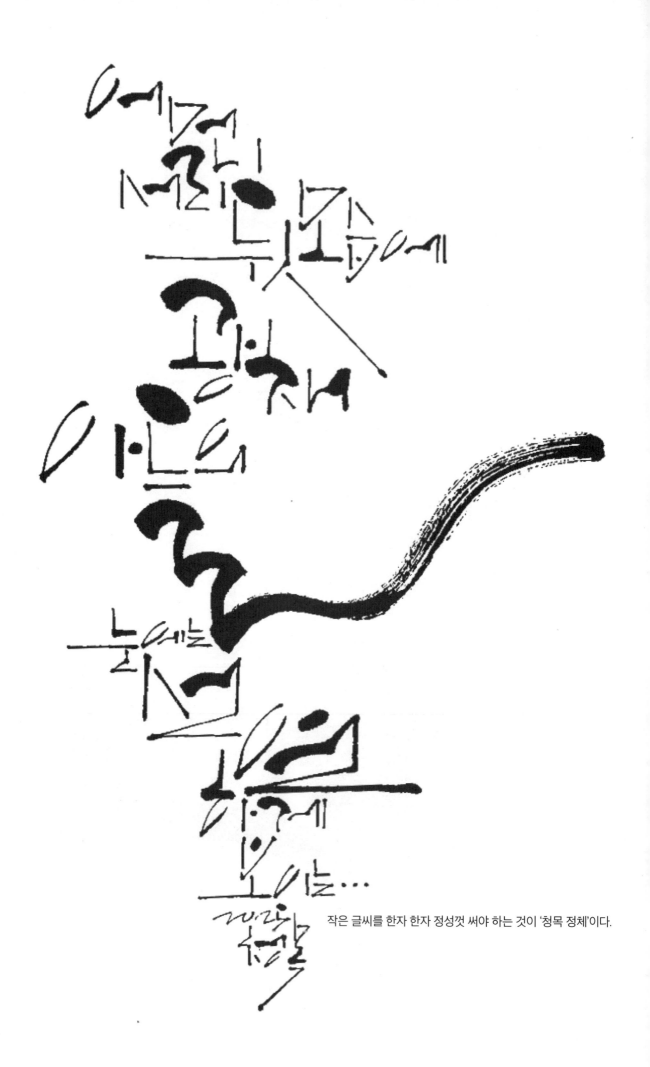

작은 글씨를 한자 한자 정성껏 써야 하는 것이 '청목 정체'이다.

전체적으로 질서를 표현하고
Ⓐ, Ⓑ처럼 강조를 넣는 방법이 가장 흔한 사례다.

붓의 Ⓐ처럼 곡선이 주는 느낌은
봄의 감성을 표현하는 디자인 사례다.

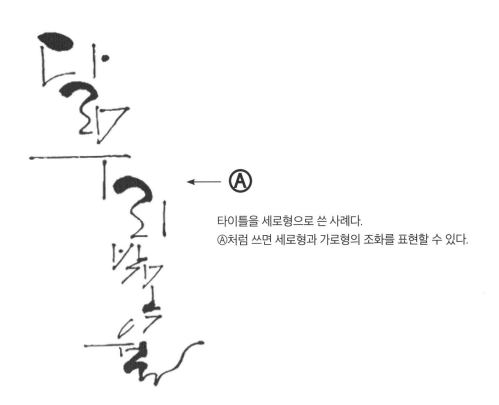

타이틀을 세로형으로 쓴 사례다.
Ⓐ처럼 쓰면 세로형과 가로형의 조화를 표현할 수 있다.

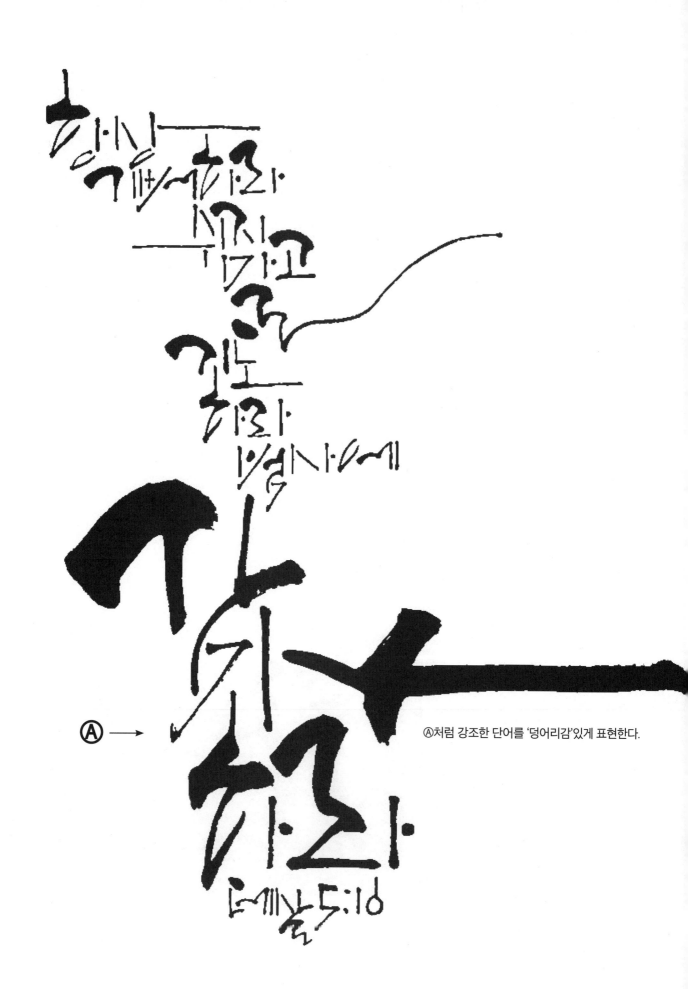

항상 기뻐하라 쉬지말고 기도하라 범사에 감사하라

Ⓐ처럼 강조한 단어를 '덩어리감'있게 표현한다.

데살 5:16

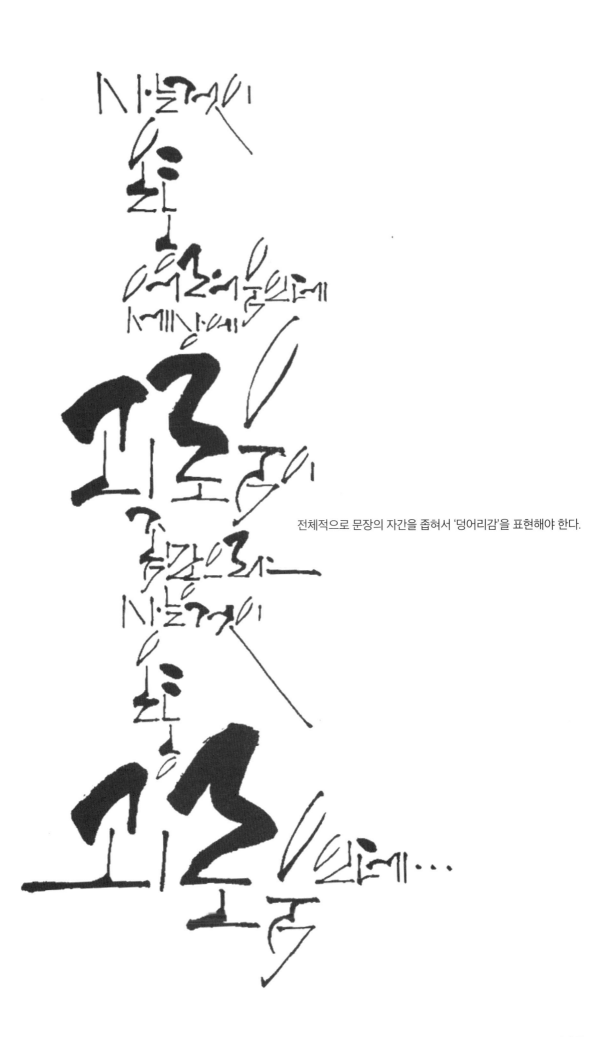

하늘엣 손등
여름에들어네
세상에
꿈돌이
칭칭으로
하늘것이
손등
꼬돌이
도름

전체적으로 문장의 자간을 좁혀서 '덩어리감'을 표현해야 한다.

붓끝에 예술을 담다

2025 청목캘리그라피 문장 디자인 集

•

초판 1쇄 인쇄 2025년 04월 30일

•

글쓴이　　김상돈

•

펴낸이　　김왕기
편집부　　원선화, 김한솔
디자인　　푸른영토 디자인실

펴낸곳　　**청목캘리그라피**
　　　　　　주소　　　　경기도 고양시 일산동구 장항동 865 코오롱레이크폴리스1차 A동 908호
　　　　　　전화　　　　(대표)031-925-2327 팩스 | 031-925-2328
　　　　　　등록번호　 제2005-24호(2005년 4월 15일)
　　　　　　홈페이지　 www.blueterritory.com
　　　　　　저자우편　 book@blueterritory.com

•

ISBN 979-11-985564-8-6　　03610

ⓒ김상돈, 2025